大樂文化

大樂文化

大樂文化

我決定我是誰

在負能量爆表的人生路上，我不活在別人的嘴裡！

鍾明軒——著

目次

第2章

成長過程酸苦甜，但還是謝謝「你的愛」 067

第6章 最後我想說的話，歡迎各位對號入座！

推薦序
期待有一天，世上的美好無須用正常或奇怪劃分

諮商心理師　胡展誥

至今，我仍深刻記得，第一次被一群比我高的小朋友圍在校園角落，被嘲笑、被揍的情境。開端是從一雙膚色絲襪開始。

我是轉學生，上學第一天由於父母工作繁忙，直到幼稚園的娃娃車停在家門口，母親才想起那是我上課的第一天，所以急忙跑上樓、隨手抓了衣服就幫我穿上、推上娃娃車。

到了學校，我還沒弄清楚新的環境，就被一群小朋友拖到校園的一個角落。他們動手脫掉我的褲子、揍我，說要檢查我有沒有雞雞，因為我穿的是女生專用的絲襪，應該是「查某體」。

那一天，讓我最失望的不是一旁冷眼旁觀的小朋友，而是遠遠與我四目交接的老師，她選擇轉身離去，而不是伸出援手。

❖不符合多數人口中的「正常」，就理所當然被攻擊？

我總認為，人際之間的排擠與霸凌，其實並非出自大奸大惡，很多時候只是不知如何與「差異」和平相處。因為對差異感到陌生、焦慮，所以選擇用攻擊、甚至是消滅的行動處置對方。其實，我們真正想消滅的不是對方，而是內心的不安。

電影《幸福綠皮書》（*Green Book*）裡的鋼琴家謝爾利，在滂沱大雨裡悲憤交加地宣洩：「我不夠黑、不夠白、又不夠男人，那你告訴我，我是什麼？」好像我們只要不符合多數人認為的「正常」，就理所當然被認為是「不正常」，然後理所當然地被攻擊，甚至還被檢討：「如果你不希望繼續被攻擊，就停止做真實的自己。」

❖為何他願意相信，這世界仍有正能量？

比起「鍾明軒」，我更早認識的是「煎熬弟」以及他的表演。當時的我在心裡對他有滿滿的佩服，因為我知道在我們的文化及環境裡，他很可能是大家會特別注意、甚至攻擊的對象。我很好奇，這樣的他如何因應這些攻擊？是什麼支撐著他？又是什麼讓他不放棄，願意相信這個世界還存在正能量？

終於，他將這一段「很不十九」的十九年經歷寫了出來，期待透過本書充滿情感與反思的文字，讓更多的人學習尊重，讓充斥在各個角落的敵視與攻擊得以減少。

「怪美的」聽起來雖然很好，但期待有一天，這世上所有的美與好，都無須用正常或奇怪來劃分。

前言
我想讓你們認識影片之外的我

大家好，我是鍾明軒，或許有些人很熟悉我 YouTuber 的身份，也可能有人是第一次聽說我。不論如何，我要感謝翻開這本書的你們。

在本書中，有我從來沒對外公開的人生經歷，以及各種大大小小的故事。雖然我現在才十九歲，但經歷過的事卻很不十九，也超過很多十九歲的人所能想像。在眾多青少年眼中，我的經歷或許刺激又難得，但那些過往也伴隨著許多無奈與悲傷。

可能是因為我的人生經歷比較特別，經常有許多粉絲私下傳訊息給我。他們多半都是因為人生遇到難解的問題，一時之間找不到出口，於是跑來找我疑難排解。

其中不少粉絲坦承他們是憂鬱症、躁鬱症患者，或是同性戀、跨性別，或者擁有社會不認同的面貌。這些社會上的少數，有一般人完全無法想像的嚴重壓力。在面對他們的時候，我總覺得有種很熟悉的感覺，甚至會想起小時候的經驗。

我對那種感受真的不陌生，因為自己也經歷過高壓情緒的痛苦，多少都有共鳴。在與不同粉絲對話的過程中，我發覺他們有種找不到出口的孤寂感，讓我想大聲告訴有類似經驗的人：「你們並不孤單，你們不是特立獨行的人！」我總覺得自己可以做些什麼，去激勵身邊的每一個人。

本書包含我對很多事物的看法，各位看完後應該會明白，我多麼討厭伴隨我長大的台灣傳統教育環境。在這種教育下，已有多少可能具無限希望的孩子受到傷害？

我是個看不慣就一定會據理力爭的人，但在這個社會上，許多人都是選擇說聲：「算了吧」，就讓事情過去。我不知道這種消極的處理方式能帶來什麼幫助或改變，有可能因為不想惹事，也可能是想不到解決方法，所以選擇讓事情過去。

不過，我認為必須以內心的感受作為第一考量，這麼說可能會被酸：「不要只活在自己的世界」，但若連自己的感受都不顧，又要怎麼度過漫漫人生？

期望看完書的讀者可以更在乎自己，嘗試表達心中的感受。即使身為非主流也能自信、抬頭挺胸地活在世界上。

話不多說，可以開始我鍾明軒的故事了。

看見，
螢幕下的鍾明軒。

爆紅那年，他13歲，
在那之前，他只是個一般的孩子，
在那之後，他也只是72億人的其中一個。
走進他的人生軌跡，成為他的在場證明……

❶ 我忘了當時幾歲，但我很小就穿上時尚的白褲。背景是以前最常去的姑姑家，地板睡起來很涼爽，適合從小到大都怕熱的我。

❷ 姐姐幫我抓跳蚤（開玩笑），手上不是抓周抓到鍵盤，只是被欺負後的自然動作。

❸ 在平凡無奇的背景中，我從小就知道如何成為全場焦點。

❹ 不知道為何要和姐姐擺這姿勢，可能小時候很愛玩在一起，當時的表情看起來一臉純真。

❻ 我只想說，我是主角好嗎？花只是陪襯我的美。

❺ 擺花臉是跟媽媽學來的，之後被我當成拍照的招牌動作。

❽ 我爸媽到泰國旅遊。現在看兩人也是顏值擔當啊。

❼ 這就是：（吃棒棒糖的）白馬小王子。

❾ 好啦，我還有其他招牌動作，
那時候我不知道在害羞什麼？
旁邊站的明明是我親姐！

❿ 全家到泰國旅遊，也是媽
媽最後一次出國旅遊。

⓫ 我的白皮膚和眼睛，簡直跟媽媽一模一樣，遺傳得真好。

⓬ 天啊！我媽才是真的國際美人吧！

⓭ 長到這個年紀，已經開始
愛花式擺POSE了！

⓮ 不只頭髮 fashion，還
自帶假面男神風格。

⑮ 全家姿勢滿分，但還是要吐嘈我姐：那是什麼POSE？

⑯ 和旁邊的辣姐相比，我承認自己稍微有一點遜色，但畢竟那時年紀還小！

⓱ 當時在泰國旅遊，全家正在吃晚餐。記得那時候吃得很多，只能說泰式料理讓我愛到無法自拔。

⓲ 很好，從小就抓到擺POSE的精髓，前途無量！

⑲ 這裡是公共電視台附近的咖啡廳，那時候媽媽帶我和姐姐一起上《爸媽囧很大》。

⑳ 不知道右手的手鍊是哪來的，只記得當時班上很流行，我戴了一年多 。

㉑國中時與姐妹的合照，左一的女生是書中提到的胡椒小姐。

㉒那時候很流行拍完照後，用手機塗掉後面的背景，才算走在時代的尖端。這是國中畢業典禮當天的自拍照。

㉓ 高中畢旅到墾丁玩，根本是花錢來拍照吧！

㉔ 高中時在朋友的服飾店慶生，那時根本沒人記得我生日，朋友也是看臉書通知才知道，不過我心情還不錯。

㉕ 我的讀書小天地。想看我的新家大改造，可以去YouTube頻道找。

㉖ 林口很常起霧或下雨，只要天氣不好，我就會窩在這邊或沙發上看書，沙發就是你們常在影片看到的背景。

㉗ 這套衣服實在太襯這個背
景了，一整個復古風。

㉘ 這是募資宣傳影片的側拍，
我彷彿走進時代的迴廊。

㉙ 封面照攝影的側拍。不許再說這套衣服是睡衣，分明是時尚好嗎！

㉚ 一個幕後花絮的概念。沒錯，這張照片就是彩頁的首圖！

看完從嬰兒時期到現在的成長軌跡，你是否更了解我？

我和普通人一樣是人類，會哭會笑、有血有肉，

請試著以朋友的身份進入我的世界，

透過文字想像那些快樂、悲傷、害怕的心境。

不論翻開本書的你，是粉絲、酸民、路人或是我的親朋好友，

不論你想從這本書得到自信、勇氣、認同、共鳴，

或是單純打發時間、看戲、等著嘲諷，

願各位能放下一切先入為主的想法，

從客觀的角度看待世界上的每一個人。

1:15/3:05
1:15/3:05

第1章

網路酸民又如何，我已練就「我是誰」

1 歡迎光臨！假掰的世界

不論是消費者還是網紅，人人都怕被廠商騙。不肖廠商就像傳說中的雷包男（女）朋友，和自己無關的時候，當作笑話聽聽就過去了，但如果真的遇上一個，直接把你天打雷劈到七孔流血。

網路名人如果真的不幸被廠商欺騙，爛臉還算事小，就怕自己的誠信說掰就掰，最慘的是約都簽了，沒辦法直接分手，硬要勾勾纏到天涯海角不分離。

相對地，廠商也怕被網紅騙，因為廠商和網紅一直是互利共生的關係，能接業配的人在網路上要有一定的影響力，而廠商為了買到網紅的影響力，會付出優渥的金額。但是，現代網紅要灌水粉絲和點閱率實在太簡單了，行銷公司動動手指，增加粉絲數量比去便利商店買泡麵還方便。

假如各位有興趣，可以搜尋關鍵字「買粉絲」，除了最普通的增加粉絲數，還會幫你按讚、留言、衝點閱率，服務可說是一應俱全、應有盡有。所以，有些廠商會被粉絲數量蒙蔽，付了高昂價錢卻得不到相應效果。有時聽到這種例子，我會同情廠商三十秒，因為他們遇到這種裝紅的小婊子（注1），也是很可憐的。

對我來說，接業配應該是一種互相尊重的合作關係，廠商有廠商的需求，我也有我的原則，如果彼此能配合就提案合作，如果不行就好聚好散。對於那些為了錢而不實業配的網紅，真的只能請出中指來表達憤怒，因為我自己也曾是不實業配的受害者。

注1：本書提到的婊子是指為了達到目的，常常害別人過得很痛苦的人，不分性別。

❖看網紅推薦不如去看醫生！

和十幾年前相比，現在根本資訊爆炸，能業配的產品百百種，其中最常見的就是保養品。當然，被業配的一定也有好用的商品，但很多網紅的業配方式都過於神化產品的功效。其實，不管多大牌的保養品，一定會是某些人的蜜糖、某些人的毒藥，天底下沒有適合所有人的產品，不然其他品牌都不用賣了。

一般來說，我接業配時會遇到兩種情況。第一種是不給試用期，產品才寄來幾天，就要求拍好影片，甚至有廠商直接貼來一大串別人寫的好評，然後說：「明軒，我們的東西真的很好用」，就要我趕快拍片。這樣的業配真實度能信嗎？

有時候我沒接某個案子，隔週就發現一排網美都用相同廣告詞宣傳同個產品，雖然影片形式不一樣，但讓人覺得只是照本宣科。

另一種是要求必須講特定的廣告詞，但我真的很討厭「七天見效」之類的聳動廣告詞。為什麼一定是七天見效，如果擦了兩個禮拜沒效果，難道是使用者的問題？這種宣傳方式只會讓沒自信的人感到壓力。

其實，臉會長痘痘就是皮膚生病，為什麼不去找醫生，卻要找櫃姐？我以前皮膚出狀況，曾經去專櫃買了幾千塊的保養品，但擦了之後發現根本沒什麼用。更何況皮膚狀況都不好了，再用那些不對症下藥的方法，能改善到什麼程度？用那麼多昂貴的保養品，搞了兩三年才回到原本穩定的膚質，既花冤枉錢，又折磨自己。

❖都信網路，為什麼不信信自己

請容我再次強調，網紅拍的照片或影片真的是可信度不高！很多人看網路的業配照片都很漂亮，皮膚無瑕疵、又光又滑，稍微一個側臉就噴出一道光芒，像是想讓所有人因為羞愧而眼瞎。這時候，再拿出產品說：「我最近都只擦××牌神水」，消費者一不小心卡就刷下去了。

但是，很多人只看到照片很漂亮，卻沒看到背後付出多大的努力。網紅們打光打得多認真，相片光圈調得多仔細啊！甚至還刻意選擇高採光背景，用盡心思就為了讓自己的照片三百六十度無死角。為什麼很少人知道這些努力？因為這樣才能騙得到你呀！

影片都可以後製調色，照片更可以修到彷彿內建整形醫院，請各位醒醒吧！別再相信網路上的一切，看到影像務必採取半信半疑的態度。而且，我們平常面對面和別人說話時，都不容易仔細看清對方的毛孔了，鏡頭擺那麼遠，哪能拍得清清楚楚？不要再用別人的幻象逼死自己！

上面說的這種情況不限於小牌網美，有些自稱美妝教主、美妝女神的大牌人物也不是什麼好東西。我遇過一個號稱始祖級的美妝部落客，從她的手就可以徹底感受到什麼叫不專業。腮紅選錯顏色、打錯位置我都忍了，不知道她對膏狀物體有什麼障礙，怎麼推啊揉啊就是塗不勻，而且她手上傳來汗味混合油膩的詭異肉味，難道是啃完炸雞就直接來擼我的臉嗎？

在我還心存疑惑的時候，只見她拿出一支眼影刷，上面沾了不知道第幾個人留下的紫色眼影。她優雅地沾沾粉紅色，就把那隻充滿皮屑的刷子朝我眼皮戳……。之後的詳細程序我都記不清了，只記得她嚴重染色、好像從來沒洗過的化妝箱，還有額頭、下巴密密麻麻的粉刺，和她平時發的自拍照完全判若兩人。

像這種看起來德高望重的部落客，連發自己的照片都不誠實，還能期待她拍的業配也是誠實的嗎？

靠北路上伴你行

天底下沒有適合所有人的保養品，不然其他品牌都不用賣了，皮膚有問題請看皮膚科，如果看過還是沒有用，可以考慮選擇自費項目。那種開的藥比較高級，但也很貴，推薦給各位。

2 你們忙，我先做個白眼健康操

有時候，我身心靈已被學校那些婊子們折磨得半死，躺在沙發上想滑一下Instagram（簡稱ＩＧ）來療癒疲憊，卻又看到很多網紅、網美發些有的沒的廢文，真的是讓我握緊拳頭。人生已經那麼累了，想放鬆還要被廢文浪費生命，實在讓人很想翻白眼。ＩＧ不考慮開發翻白眼的功能嗎？我覺得這個社會急需這項功能。

說實在的，現在這個時代資訊爆炸，網紅、網美氾濫的程度大概是你在東區大喊網紅、網美舉手，會有三分之二的人舉手，三分之一的人左右張望。但舉手的三分之一看到我之後，默默把手放下。

現在，任何人只要有一台能拍出漂亮照片、能從網路下載修圖ＡＰＰ的智慧型手機，就擁有成為網紅、網美的基本條件。

但是，這麼容易入行，就變成人人都是網紅，人人都不怎麼紅。而且，當整個社會開始認為「網紅素質都不高」，網紅圈的素質也會開始低下。網紅們真的可以容許自己的職業被人說成那樣嗎？

❖分享生活和廢文是有差的

我真心覺得廢文是一種精神污染，這跟文章寫得白不白話沒有關係，而是要看有沒有深度。像蔡康永的書文字淺白，人人都看得懂，而且能感受到書中想表達的理念或道理。或者像丹妮婊姐的文章也超級白話，卻不會讓人覺得很廢，可以看出想說的重點。

但很多人發文不是這樣，他們只是把自己一整天的行程流水帳般打出來，從剛剛吃的冰有多好吃，到三秒前看到帥哥都要詳細報告，讓人看完後整個心靈都在吶喊：「關我屁事！」

如果只是愛發廢文就算了，大不了可以取消追蹤，但很多人偏偏又非常介意你有沒有追蹤、按讚、分享，好像不追蹤就等於絕交。有時候真的令人很無奈，明明對那個人的發文毫無興趣，卻被迫不斷追蹤他的行程，再加上系統演算法的關係，讓這些令人煩躁的內容不斷揮舞著小手衝過來。為什麼只是不想追蹤某個人的詳細行程，就有失去一個朋友的風險呢？

還有一些人非常喜歡打深奧的句子，把原本簡單的事搞得很有藝術氣息，例如：「哥抽的不是菸，是寂寞」、「我內心想的，都是過去的笑容」。這種假文青新詩體不知道被當作笑話講了多少次，偏偏總是有人樂此不疲，彷彿不用這種腔調說話，就不夠彰顯他是特立獨行的一匹狼。

相信很多人看到這裡，第一個反應就是：「我在個版做什麼關你什麼事？我就愛發廢文，你不能評論我。」但我們應該認知到一件事，網路是公開場合，只要發文公開給所有人看，除非對方做人身攻擊，不然也該接受別人的評論。

像我的影片常有人留言說無聊、廢片，我也不會禁止他評論。一旦決定在網路上公開，別人就有評論的自由，如果想要當捍衛個版的戰士，就不要公開自己不想被評論的內容。很奇怪耶，被禁止評論時高舉言論自由，自己發文就一言堂萬萬歲，這樣不會精神分裂喔？

靠北路上伴你行

現在網紅、網美氾濫的程度比粉刺還多，大概就像在東區大喊網紅、網美舉手，會有三分之二的人舉手，三分之一的人左右張望，但舉手的三分之一看到我之後默默把手放下，真的很讓人傻眼。

3 你要流量，但也請別秀下限

點開手機、滑滑ＩＧ就會發現，明明這世界的底線已經超低，只要誠實就夠了，偏偏很多人連誠實都做不到，要用一些做作的方式，讓自己顯得很自然，但這種行為往往最虛假。

有人為了突顯身材優勢、掩飾不足之處，修圖修得連門都扭曲，令人很想留言問：「這扇門在哪裡買的？」還有些發文寫「天氣好好」，硬要搭配一張比基尼照，很明顯就是想炫耀身材。即使當天下大雨，也還是照發比基尼照，只是文字改成「哭哭天氣好差」。

這種程度我都還可以理解，畢竟人人都想展現自己最好的一面，也沒什麼好吐嘈的，但有些情況的假掰程度真的讓人很不能忍。

❖可以讓我知道真實狀況嗎？

不知道各位有沒有看過這種照片：女孩一臉嬌羞地在床上伸懶腰，發文寫：「唉呦～剛起床素顏不要看人家啦～（愛心）」。但仔細看會發現，她漂眉、接睫毛、繡唇，還掃了一下腮紅。

我真心覺得，這種假掰的發文根本是存心破壞人家情侶感情，不只會讓女生看了感到自卑，還可能讓一些智障直男誤會，以為世界上真的有女生一起床就是長這個樣子。

真希望直男們可以動動腦筋，想幾個基本問題：怎樣能剛起床就架腳架拍全身照？瀏海怎麼能一絲不亂像剛夾過一樣？還有一個最基本但永遠被忘記的問題：到底怎麼在穿細肩帶寬鬆小睡衣的情況下有乳溝，是有神奇的兩隻手從異世界伸出來幫忙撐住嗎？

還有一種情況讓我看了也很不能忍，像是有人會發文：「我現在人在北歐，極光好漂亮喔～」然後極光只占整張照片的三分之〇．五，其他全部都是臉，發文的人有想過大家其實更想看極光嗎？這種人根本不在乎極光美不美，就是表明了：「請大家看我，極光比不上我的美貌。」即使已經發了三百六十七張自拍照，也覺得比起天文奇觀，大家更應該仔細瞧瞧那張臉。

有些人會笑我自稱國際美人是自信爆棚，但和這種人比起來，我還真不敢說自己超有自信，畢竟我不打算無時無刻把臉貼在螢幕上給大家看。

這些假掰文裡，最愚蠢的是那種假裝不經意，其實是想讓特定人看的發文。這種文的起手式很多都是「我知道我還不夠好」、「我需要更努力」、「我會好好做自己」，然後用 hashtag 引述一些很廢的名言，像是「＃沒有人是完美的 ＃我哭著說沒事你怎麼就相信了」。

最後配上一張眼光含淚、看起來好可憐的照片，就算大功告成。發文後，還會努力回覆底下出現的每則留言，例如「嗯嗯我不哭」、「抱抱我堅強」，而這一切都是為了讓特定目標感到更愧疚。

看到這種發文，我真的好想問：「為什麼傷心的時候要拍照？拍照就算了，為什麼照片角度那麼剛好，可以拍到眼淚滴落的瞬間？」

我知道傷心讓人感到孤單，會想要透過網路得到關注與支持，但如果有話想對某人說，就私訊或當面說。對方要是不讀訊息，也不會讀發文的，何苦把自己弄得那麼辛苦？

人在傷心就好好傷心，不用化妝、打光，讓自己美美地落下金閃閃的淚珠，也不要用不符合人體工學的方式拍照片。傷心是件很累的事，我們可以不要那麼沒效率地解決問題。

❖網紅除了聳動還剩下什麼？

最近，我很常看到一些網紅拍爭議性影片，被網友抨擊後，再出來哭哭說自己沒有惡意、網友的評論都是網路霸凌。我覺得好像很多網紅都沒有意識到：**公眾人物應該負擔社會責任。**

還記得前陣子很流行拍影片教人搭訕路人或撩妹，其中有很多台詞遊走在性騷擾邊緣，再加上用擬真手法拍片，觀眾根本無法判別影片的真實性。假如有人以為影片中的台詞管用而模仿，並在日常生活中實際運用，結果吃上性騷擾官司，網紅能為此負責任嗎？

除此之外，如今社會實驗影片越來越紅，很多網紅為了增加頻道點閱率，設計聳動或帶有情色意味的實驗。舉例來說，拍一些一定會害情侶吵架的社會實驗影片，或是刻意選一些很爭議的場景，就只是為了引發話題。

講難聽點，那種社會實驗就是婊子實驗，不斷挑戰別人的底線只為自己方便。社會實驗影片的目的應該是用真實反應，向大眾呈現某個社會議題，但婊子實驗是想展現什麼議題？大概只能呈現他們婊的程度吧。

網路上某些只講究聳動的影片雖然都滿垃圾的，但最糟糕的是為了追求點閱率，而傷害特定的人，尤其是弱勢或少數族群。

前陣子有一支影片真的不能只用垃圾來形容，因為垃圾還有焚燒發電的功效，而那支影片只會讓人無言到血壓上升。影片中的兩位男性惡整一位用交友軟體的女生，並把整個過程拍片上傳，最後的結論是宣導女孩子要珍惜自己。

奇怪耶！一位成年女性為什麼需要兩位男性來「教育」？這種自以為有教育意義的行為就是假清高，更令人不能忍的是，他們竟然用羞辱人的方式拍片，根本只把對方的反應當成賣點。即使真的本意良善，這種拍攝手法會誤導很多思想不成熟的人，造成潛在的危害。

想當一位合格的網紅，要看的不是粉絲數量而是責任感。在拍任何影片的時候，都應該先設想可能造成的影響，而不是當有人被誤導或受傷害時，才劃清界線說：「我有經營頻道的自由。」

為所有發言和行為負責任，是當網紅最基本的道德，只有做到這一點，才不是在抹黑自己的職業。

❖為什麼在網路世界裡，莫名其妙的事這麼多？

網紅的重要工作之一，是爭奪賴以維生的點閱率，因為點閱率代表人氣，更直接影響到收入。簡單來說，人氣越高，收入也越多。

不過，周圍競爭對手這麼多，在自己不突出的情況下怎麼奪人眼球？很多人會選擇用聳動的圖片和文章引人注意，影片會不會被罵無所謂，只要確定有點閱率和收入就夠了。惡性循環之下，當紅程度變成看臉蛋、身材、有多敢脫，這種社會風氣真的很糟糕。

那些網紅自己沒底限就算了，偏偏現在一堆小孩把網紅當精神標竿，不管他們講什麼都當成聖經。更可怕的是，很多網紅還真的把自己當老師、教主，用教導的語氣告誡觀眾一定要遵守某些荒謬的價值觀。

舉例來說，某些網紅在影片中說，請客一定要請價位較高的餐廳，不然就是沒禮貌。把「看錢交朋友」這種可怕的想法傳播給大眾，甚至還利用這番言論賺錢，難道是道德觀被狗咬了嗎？一想到某些網紅的幹話可能影響小孩的價值觀，真的覺得超驚悚。

現在有很多人立志當網紅。能找到想做的事非常值得高興，但是畢竟這個職業全世界都看得到，所以更要當一個負責任的人。

靠北路上伴你行

現在很多小孩從小就接觸網路，常會認為網路資訊都是正確無誤，請網紅當個負責的人，讓孩子平安長大，謝謝。

4 我與酸民的交手軌跡

酸民真的是很神奇的生物，我有許多時間可以觀察他們的生態，直到現在依舊不能理解他們腦袋裝了什麼特殊成分，才會養成各種不可思議的習性，既不符合社會常識，也不符合人體工學，完全就是自然界的奇蹟。

酸民從我國小六年級開始如影隨形，奉獻自己成為我的影子，比大部分的粉絲還要認真追隨。我會說他們的本質是鐵粉，只是在進化過程中，不小心哪裡突變失敗，才會用這種方式表達自己的愛意。

❖與酸民的初次交會

我在升國中的暑假開始拍影片，那時候台灣還不盛行 YouTuber，智慧型手機也沒普及到可以隨走隨看。一般人如果想看 YouTube 只能用電腦看，而我也是其中一份子，沒事就開電腦瀏覽有興趣的影片。

一開始拍影片的契機非常普通，就是一個悠閒過暑假的孩子，恰巧看到有人上傳唱歌的影片。因為生性喜愛表演，加上嚮往成為藝人，於是沒考慮多久，就用爛爛的數位相機錄下第一支影片。

那支影片不是後來爆紅的〈煎熬〉，而是一首偶像劇的主題曲。剛開始沒什麼觀看次數或回應，我也不懂得經營頻道，只是純粹地錄製唱歌的樣子。

沒想到上傳〈煎熬〉那支影片後，一夕之間，網友突然湧進我的頻道，點閱數字超乎想像，留言欄刷滿嘲笑的字眼。不過，那時候我沒意識到究竟發生什麼事，只是單純因為有人關注而感到開心。

然而，那份被矚目的快樂沒有持續太久，當家人知道我在網路上被罵得很難聽後，事情開始漸漸走樣。

由於家人不太懂3C產品，所以一開始沒有發現網路上的留言，直到他們的朋友轉述我負面爆紅的消息，才發現我在網路上被罵得很難聽。而且，聽別人轉述的感覺比直接看留言更糟糕，讓家人感到非常羞愧丟臉。

因為網路上的謾罵與惡言，家人開始干涉我拍影片，而我也認真看網友的留言，但是即使看完每一條留言，還是不清楚自己到底做錯什麼。我知道自己被罵得很難聽，但不理解那些謾罵代表什麼意思，更無法從隻字片語中猜到被抨擊的原因。

某些飽含惡意的文字，對一個國小生來說實在太難理解了。我不知道為什麼他們要罵我男不男女不女，為什麼要說我是娘娘腔，或是戲謔地稱我為「台灣小甲斯汀」。

現在回想起來，當時的酸民真有創意，能從單純嘲諷唱歌不好聽，到刻意攻擊我的性別氣質。真心覺得酸民的嗅覺十分靈敏，知道一個人心中可能藏有什麼弱點，能精準地咬在傷口比較深的地方，並於未來幾年都在那個孩子心中留下傷疤。

當時我只是單純拍唱歌影片，沒發現大家的留言風向從嘲笑轉為惡意傷害，我甚至覺得若能換來關注度，被罵幾句也沒什麼損失。後來，一旦發現自己被罵，第一個反應不是傷心難過，而是不要讓家人看到，以免他們制止我。那樣一個單純到天真的想法，讓我幸運地撐過謾罵無數的日子。

真正讓我對人性感到心寒，是在媽媽過世之後，酸民不但不同情，甚至變本加厲，使用更殘忍的文字在傷口上灑鹽（直到現在還有人這麼做）。我至今仍記得有人留言：「你們家應該不用請法師，法會上有你去幫你媽唱就好了。」

我不懂說出這種話的人到底抱持什麼心態？是單純好玩、想炫耀自己的留言創意無限，還是看到有人被圍毆，就順便進去踹一腳，證明自己可以踹在心窩，然後期待被傷害的人出來大聲拍手：「你們攻擊得好準，眼光好棒棒，我的生活被你們酸成一鍋硫酸，快融化了。」

酸民的內心到底有多扭曲，絞盡腦汁想出惡毒的話，只為了傷害一個素未謀面、還沒升國中的小孩？我們在新聞上看到虐童案，會生氣地想追打施暴者，但為什麼當一個想追求夢想的小孩被網路霸凌時，卻很少人站出來說話呢？

所有節目都在檢討我唱歌不好聽，或是指控爸媽為什麼不加以阻止，但我直到現在仍不理解，拍影片是什麼傷天害理的事情？這不是壞事，只是一個當時還很新鮮、一般小孩不會做的事。我也很想問那些酸民，究竟是生活多美滿、人格特質與歌聲多完美，才能理所當然地寫下那些自以為是的評論？

❖網路霸凌和我的反擊

那段爆紅的經驗帶來很多傷害，在那之前我根本不知道網路霸凌會引發什麼問題。網路是個任何人都能使用的平台，再加上可以匿名，所以很多人在留言時容易遺忘同情心，把自己隱藏在大多數人當中任意抨擊和謾罵。也許有人認為留言只是小小的一句諷刺，殊不知每句都是針，一兩根扎人還不打緊，當數量成千上萬時，真的會把一個人活生生刺穿成蜂窩。

當夜晚一個人看那些留言，讓人睡不著又胡思亂想，還會摻雜很多複雜的情緒，例如：父母及親戚、同學和朋友、學校老師怎麼看我，甚至是路上走過的每一個人，他們的眼神都像在觀察、嘲笑。過去的我只要跟別人對上眼，都會感到害怕和畏懼，那種反覆折磨不是三言兩語就能輕鬆帶過。

而且，最恐怖的是匿名帶來想像空間，令人不斷懷疑謾罵的留言是否來自親近的人。當這種情緒折磨不斷延續，身邊如果有刀真的會想往心臟刺，反正早就被戳得滿身是傷，加一刀又算什麼？所以，我只能讓自己更有戰鬥力，被別人酸之後，一定比他更酸，並且不斷學著讓自己堅強、轉念，才有足夠的力量去對抗那些惡意。

除了酸言酸語和惡意謾罵，我的頻道還有一種留言重複出現，總是說我講話太偏激。即使我解釋了用意，那些人還是覺得自己的觀念最正確，就像國中時期的某些老師，總是堅定地認為，學生不愛讀書就是糟糕的異類，只有考上好學校才是正道，其他選擇都是邪魔歪道。

但是，那些人沒經歷過我的事，不知道有些人的行為不是委婉帶過就可以。而且，粉飾一切本來就不是我的個性，稱某些人為婊子只是因為他們本來就婊，還有其他更貼切的字可以形容嗎？

至於偏激與否，雖然很多人認為我說話偏激，但從來沒人能確實反駁，因為我說的是實話。**真實的東西本來就長得那麼醜，把它塗抹、裝飾得漂漂亮亮有什麼意義？**

我在影片中抨擊日常生活的某些問題時，很多人反應說我講到他們心坎裡，因為那些都是不做作的真話。要求把實話說得委婉，只是在掩飾真正的問題。

靠北路上伴你行

我永遠不會忘記那段爆紅經驗帶來的傷害，而我現在想透過本書重現當時的樣貌。也許有人認為我的想法太黑暗，但真實的東西就是長得這麼醜，把它塗抹得漂漂亮亮又有什麼意義？

5 酸民啊，謝謝你們扭曲的愛

現在的酸民留言比爆紅時期少了許多，不知道是酸民這種生物真的開始減量，還是稱讚的言論終於壓倒性地輾壓傷眼留言。

有人說，我總把和我意見不同的人直接打成酸民和婊子，是個自我中心、目中無人的小屁孩。這種說法非常不尊重，因為酸民在我心目中有著高不可攀的標準，畢竟有些酸民根本就是忠實鐵粉，不是任何人隨便酸兩句就可以當酸民，我才不是這麼隨便的男人呢。

另外，我也看得出哪些留言是善意提醒，哪些是心懷惡意、為罵而罵。像是有些人會說：「明軒，我覺得你直接點名抨擊學校，可能會對自己或老師造成不好的影響，你是公眾人物，要更注意自己言行的影響力。」

這種留言雖然也說我不好，但可以看出對方好意提醒，不是隨便找理由教訓，所以我一向非常珍惜，也多虧那些提醒讓影片品質越來越好。

以前，我覺得自己除了 YouTuber 的身份，應該還有其他身份，像是學生、兒子、路人等，別人不應該干擾私生活，但現在我的想法開始漸漸改變。

由於我在別人眼中是公眾人物，而且是自願選擇走上這條路，所以應該試著接受並表現出合乎形象的樣子。這個想法轉換正是來自於粉絲留言，很感謝每個願意提出合理意見的人。

❖你是恨我還是愛我？

說實在的，有些網友明擺著心懷惡意來找麻煩，一留言就說：「男人化什麼妝？」「你講話 gay 裡 gay 氣，讓我很不『蘇胡』。」我看到這種留言真的只能說：「你的話傷不到我，反而大大加強自信心。我喜歡自己在影片中的樣貌，還需要維持國際美人的形象，而不是頂著邋裡邋遢的蠢樣。你們對這樣都有意見，我會以為是在忌妒我長得美。」

而且，我實在不知道酸民是有被虐傾向還是特殊癖好。影片都說了不喜歡請滾開，他們只要取消追蹤，或是點一下視窗的神奇小叉叉，就可以不用再看到我的臉，卻還是堅持要看每支影片，順便幫忙衝點閱率。

有些酸民的帳號不斷被封鎖，但還是用相同名字重新註冊。我大概已經封鎖幾十個「鍾冥軒」和「裝甲車」，但同名帳號依舊不斷出現，持續在每支影片下方留下負評。

還有人更厲害，明明影片才發出幾秒鐘，立刻就回覆一長串謾罵，這種效率不是無時無刻重刷頻道，就是特別寫個回覆機器人程式專門和我對話。請問這些酸民是每天寫下心情日記，等影片一發出就立刻貼上來表達思念的心情嗎？

最後有一種人最奇怪，他們不會貼重複的留言，也不打算搶頭香，而是看完整支影片後，針對看不順眼的點進行專業吐嘈，像是房間佈置、隨口一句話，細緻程度真令人佩服。我看了這種留言不會生氣，反而滿是感動。他們如此認真地看待我的影片，我除了深感榮幸之外，實在想不到其他詞語來描述。

酸民的愛意真的很沉重也很認真，明明每次點進來吐嘈對我都是百利無一害，他們越點、觸及率越高，看得越完整、YouTube 還能更確實地計算點閱率。我真的應該好好感謝一路嗆我的酸民，並為他們的毅力拍拍手。

❖可憐的小酸民

我現在面對酸民得心應手，有時候還會在謾罵的留言下誠心回覆，因為他們真的很可憐，需要靠罵人找到在社會上生存的價值。這群人應該非常自卑，必須藉由不斷貶低別人來建立自尊。

實際上，人們越想在他人面前展現的東西，就是心裡越自卑、越缺乏的東西。我心存這個觀念後，又怎麼忍心罵可憐的酸民？當然是表達萬分感謝，然後期待某一天，他們不再需要依賴謾罵賺取微薄的自尊心。

由於我從小被罵到大，抗壓性已經鍛鍊得很強。我知道惡言怎麼擋都擋不住，畢竟嘴巴長在別人身上，唯一能做的就是不讓那些言語往心裡去。

所以，與其 follow 可憐的酸民，不如多 follow 真心的粉絲，更能儲備正能量。有時當酸民來襲，我都還沒開口，粉絲就會幫忙抵擋那些惡意留言，甚至寫下有創意的回應反擊，讓我看了非常驕傲。

靠北路上伴你行

我知道酸民想用各種低俗留言傷害我，殊不知被罵了七年早已習慣。真心希望酸民們可以快點找到人生目標，脫離社會毒瘤的位置，加油喔！

第2章

成長過程酸苦甜，但還是謝謝「你的愛」

1 媽媽一直都是我最親密的人

即使不是很熟悉我的人，可能都知道我家曾經出過許多問題，媽媽已經離開人世，而我和爸爸長期以來關係都很僵。過去我在影片中不太會主動強調這件事，雖然沒有特別逃避，但不會刻意去碰觸。

如今，越來越多人支持或鼓勵我，甚至私訊向我求助一些日常生活中遇到的問題，讓我感覺到自己的成長，也變得更有自信。但從開始拍影片到現在，我最想得到的終究是家人認可。

在網路甚至生活中，不少人會用家人的事情調侃我。還記得以前在學校，和一些小惡霸擦身而過的時候，他們會用嘲諷的語氣問：「你媽呢？」甚至到了大學，還是有很多閒人在發文下留幹話，像是「心一跳，媽媽變魚飼料」。很有創意，真的很有創意，但一點都不好笑。

可愛的粉絲們則會小心避談這件事，用很委婉的方式給予鼓勵，例如「家人一定為你感到驕傲、媽媽看到你這樣就放心了」。很感謝他們一直以來的體貼，我都有看到，也都記在心裡。

我幾乎沒有特別公開說過家人的事情，現在希望藉由這個機會，寫下我與家人的故事。

❖媽媽的疼而不寵

我和媽媽感情最好，我非常愛她，直到現在她都是我心中最親密的人。媽媽疼我但沒有寵壞我，該罵的時候罵，該修理的時候也沒少。她有自己一套教育小孩的原則，雖然大部分時間不太會限制我做想做的事，但如果我的行為超出她的原則之外，絲毫沒有可以耍任性的空間。

我很小的時候，就可以感覺到爸爸偏愛成績好的姐姐，而媽媽則傾向一視同仁。小時候不懂事，有時會因為媽媽沒有像爸爸偏愛姐姐一樣對待我，而感到不太開心、覺得被忽視。但隨著漸漸長大，回想與媽媽相處的點滴，才發現她已經在情況容許的範圍內，盡一切所能地對我好。

我記得小時候家裡經濟狀況不太好，很長一段時間是靠媽媽養家，別說全家出門旅遊培養感情，連假日媽媽都要拚命工作，維持全家的開銷。

當時我家開家庭理髮廳，店裡的門上掛有一個小小的鈴鐺，進出的時候都會發出叮鈴叮鈴的聲音，現在回想起來其實滿吵的，但我很喜歡那個鈴鐺聲，因為它代表回家的聲音。

我放學的時候，通常客人比較少，所以媽媽只要聽到門上的鈴鐺聲就知道是我回來了。她迎接我的第一句話往往是「兒子，你要吃什麼？」然後拿出準備好的點心。可能當時我看起來就是個瘦皮猴，她總擔心我有沒有吃得香、吃得飽，有沒有吸收足夠的營養。

但替我準備點心這件事，有時候必須偷偷進行，因為爸爸非常討厭小孩吃外食，特別是炸物，也不讓我們喝含糖飲料，覺得這些會讓小孩吃不下正餐而影響發育，所以生活中基本上不太會碰到不健康的垃圾食物。雖然我現在可以理解爸爸的顧慮，但當時不會考慮這些深層原因，我就像大部分的小孩一樣，覺得吃油炸速食是讓人期待的獎勵。

由於平時很少吃炸物，再加上買兒童餐可以拿到小玩具，所以對當時的我來說，油炸速食真的非常有吸引力，難免會向媽媽撒嬌吵著要買。雖然我吵過頭會被痛罵一頓，但媽媽有時候會偷偷替我買一點炸雞薯條。

或是當我被爸爸罵而生悶氣的時候，媽媽偶爾會買一杯珍珠奶茶，讓當時少有機會喝手搖飲料的我心情好起來。她看到我開心吃東西的樣子，總是笑得很溫柔。

❖感情最好的吵架方法

當然，母子之間總是少不了拌嘴和爭執，她常被我氣得半死，而我也固執得要命。我從小就很有想法，雖然不像現在這麼具有攻擊性，但還是會用小孩子的方法跟爸媽賭氣。

我一個人躲在房間嘔氣、不說話是家常便飯，媽媽若在氣頭上，就會選擇置之不理，兩個人都拒絕和對方講話，這是我們的冷戰方式，家人都勸不開。或許因為我和媽媽真的很像，所以連爭執的方式都這麼類似，但吵架通常不會持續太久，隔天就會用各種方式和好如初。

還記得有一天晚上又和媽媽吵架，卻不像過去一樣隔天就和好。我想了一個晚上、在學校琢磨了一天，還是覺得心理不平衡，遲遲無法釋懷，放學一回到家就直接躲進房間，把自己藏在棉被裡繼續生悶氣，一邊思考昨晚的爭吵內容，一邊覺得自己受委屈。

當時我想得太入神，沒有發現媽媽走進房間，只感覺到有人從棉被外把我整個緊緊抱住。即使隔著棉被，我還是能從媽媽的呼吸頻率、身上的味道、擁抱的方式知道是她。正在賭氣的我裝得很酷、很冷漠，心裡想著：「我還在生氣，不會因為妳來抱我就軟化！」

我聽到媽媽一直問：「寶貝你怎麼了？」還在生悶氣的我故意不回答也沒反應，

任由她抱著。沒想到媽媽卻對著不明所以的爸爸罵：「你早上怎麼沒讓他穿多一點，新聞氣象不是說今天的天氣會變冷？一定是你害他冷到了，所以他現在才躲在棉被裡！」

之後，媽媽把我整個人從棉被裡「剝」出來，摸摸我的額頭和手腳測體溫，又用棉被把我重新包裹好以防再次冷到，然後走出房間拿溫水和感冒藥。

這時候我才發現，原來媽媽以為我身體不舒服才躲到棉被裡。也許她早已忘記昨天的爭執，或是擔心我的身體狀況而顧不了這麼多。無論我是不是正在惹她生氣，她都仔細注意我的一切，總是擔心、照顧我，把我放在心中的第一位。

記得那一次是我和媽媽難得認真的大吵，但現在仔細回想，卻對吵架的原因毫無印象，只覺得那是一段幸福的時間。**能為微不足道的小事吵架，真的是一件很奢侈的事。**

❖媽媽的支持

對於我拍影片，媽媽一直是用她的方式在背後支持，這是無庸置疑的事實。我前陣子一時興起查了網路，發現有人說媽媽後來很反對，甚至跪著求我不要拍片。不知道這些假消息是媒體隨便報，還是網友們隨便傳，但為了與媽媽的回憶，我在這裡鄭重聲明：**媽媽自始至終，都是家中最支持我的人**。

在剛開始爆紅時，我和媽媽打趣地說：「你現在是星媽，接下來會有媒體來採訪！」她還笑我說只是個小孩，哪可能真的上電視。但是，當記者邀約和電視台發通告來時，媽媽卻比我還興奮，說這樣她連平常工作時都必須認真打扮，因為星媽不能讓明星兒子丟臉。說這些話的時候，她笑得非常驕傲。

後來，媽媽得知網路上的無數謾罵，雖然心裡不好受，但為了我的夢想與快樂，為了讓我擁有美好回憶，為了讓我學會為自己的決定負責，她選擇繼續在身邊默默地支持。

媽媽就算常常因此被爸爸斥責：「別跟著小孩子一起發神經」，也只是苦笑一下，軟軟地抱怨幾句，從來沒有勉強我改變。她說這是我國小最後的暑假，好好做自己想做的事也好，畢竟國中就沒有時間這樣玩。甚至有一次她撞見我偷偷拍影片，也只是笑笑，和我一起檢討哪邊唱得不夠好。在一面倒的噓聲中，媽媽的這些舉動帶給我很多溫暖。

❖「專家」的隨口評論，帶來後續家庭風波

但是，在外界的說三道四之下，媽媽的支持逐漸化作自責與矛頓。其實在剛爆紅的時候，很多自稱教育專家的人透過各種媒體，任意批評媽媽對我的教育方式。有人說她放任小孩不管，有人說她應該督促學業而不是任由我拍影片，有人說她沒有好好保護我。

我還記得某次上節目，有些自稱教育專家、兩性專家的來賓，當著攝影機的面前斥責媽媽，說應該要讓小孩專注學業，要負起當家長的責任等等。我至今仍然很難原諒那些「專家老師」，對他們來說，或許這就是一個通告，只要搭上風潮，取得話題

就好了，而踩著道德制高點批評媽媽，是最容易也最能營造資深形象的方法。

現在重看當時的節目，他們的話其實不是什麼了不起的意見，就是把傳統價值重複一遍，像是好好念書等老掉牙的話。他們任意講，不考慮每個家庭的情況，因為對他們來說，這集節目結束後，這個家庭就不關他們的事，為什麼要小心考慮自己說了什麼呢？

但他們不知道的是，媽媽把那些話都聽進去了，會為了他們的隨口評論感到難過，質疑自己是不是沒有盡到母親的責任，讓我走錯路。

其實，很多讓媽媽胡思亂想的東西，不一定是網友說的難聽話，而是所謂專家老師隨口說出的評論。對媽媽來說，那些人有公信力，是平常會在電視上出現的「老師」，所以他們的每一句話都帶有更深刻的影響力。

有時候，媽媽受不了內心的壓力，會用那些人的話譴責自己或責罵我，說我應該要照某某老師的話去做才正確。但在責罵之後，她會再度陷入自我矛盾之中，因為她真心想用自己的方式支持我，卻不斷有人對她的教育方式說三道四。

直到現在，我還記得那些來賓的嘴臉，以及在節目上隨意說出的評論。那些言論直接造成我們家後續的許多衝突與痛苦，但他們直到今日都對這一切一無所知。

偶爾暖心伴你行

我和媽媽感情最好，她到現在都是我心中最親密的人，我想應該沒有人可以像她一樣愛我。希望媽媽在天上可以看到我現在多麼自在地追求夢想。

2 至今我還在複習媽媽的樣子

在媽媽過世前的那陣子，我可以感覺到她整個人的狀況不是很好，她本來就有憂鬱症，當時家裡又面臨一些大大小小的問題，種種事情日積月累，逐漸發展成嚴重的家庭風暴。

不管是為了我的事還是家中問題，或者單純與爸爸意見不合而爭執不斷，那時媽媽的情緒明顯低落，常常會說自己沒辦法活下去了，這些都是求救的訊息。但當時我才十三歲，雖然知道媽媽需要支持，卻不知道該怎麼做、怎麼說，才是對她最好的方式。

我曾經以言語安慰媽媽，卻沒辦法真正排解她的憂鬱。我現在有時候還會想，如果當時知道該怎麼陪伴媽媽緩解憂鬱，或是想到有效的安慰方法，或許她最後不會走上結束生命這條路。

我永遠記得事發那個晚上。媽媽和爸爸吵完架後，就開車出門了。原本以為她只是出門散心，晚一點就會回來，沒想到竟然失聯到隔天。我們家的人都知道，媽媽從來不會把小孩放著不管，怎麼可能把小孩丟在家裡一個晚上？

因此，當隔天都找不到也連絡不到媽媽時，所有人都感覺事情不對勁，爸爸趕忙開車到處找人，終於在龍潭大池旁發現媽媽的車。當下爸爸急著找人幫忙，沒想到消防員還問：「你確定人在裡面嗎？沒有撈到的話，你們可能要負責費用喔。」爸爸急得對消防員吼說要花錢就花錢，趕快救上來。最後花了一些時間終於找到媽媽，但一切都已經太遲了。

通知我的人是舅舅，我接到他的電話時，整個人完全呆住，因為面對太震驚的事，而無法做出任何反應。我聽不清楚舅舅到底講了什麼，只記得自己努力想應聲，卻只能發出幾個破碎的音節，整個腦袋裡想的都是：「媽媽走了，媽媽離開我了，我再也沒辦法見到媽媽了。」一直到舅舅大聲吼說：「你知不知道這件事情很嚴重！」我才稍微從呆滯中醒過來。

❖如果這樣才是長大，那我情願永遠幼稚

事情發生後，我完全沒有掉眼淚，因為我不相信媽媽真的永遠離開了。那時候，外公、外婆、舅舅，以及媽媽娘家的其他親戚，不斷問我到底為什麼會發生這種事，但我卻只能用不完整的句子，給出最簡單的回應。

那陣子我彷彿處於夢境中，一點真實感都沒有，腦子裡不斷想著：「這不可能，這應該是作夢或是惡作劇，媽媽之後就會出現，一切都會沒事的。」還沒接受現實的腦袋讓我連哭都哭不出來，任憑某些親戚指責我沒哭，然後繼續強迫自己相信一切都是假的。

準備移靈回家時，殯葬人員讓我們見見媽媽確認一下，我一步步地往前走，才知道通往冰冷長方體的路途，原來比想像中更艱難。當我一看到媽媽的臉，過去努力相信的東西完全破滅了。我至今仍記得自己喃喃自語地說了一句：「慘了，是真的。」

直到那時候，我才真正地哭出來。

看到我被現實逼出的眼淚，身旁的幾個大人拍拍我的肩，用一種為我驕傲的語氣說：「明軒，你終於長大了！」直到今日，我還在想這一切到底多荒謬，他們在我追逐夢想時，斥責說不夠成熟、只是在鬧小孩子脾氣，然後只因為我在媽媽過世時哭了，就說我長大了。如果這樣才是長大，那我情願永遠幼稚。

我從自欺欺人到逃避現實，花了好長一段時間才接受媽媽過世的事實。但當時我還只是一個小孩子，什麼也做不了，甚至不知道怎麼回應別人，於是把時間都花在回想媽媽的一切：她笑著問我晚餐想吃什麼的樣子、她因為我調皮而生氣的模樣、她偷偷幫我買珍奶時要我保密的眼神、她抱著我說愛我的聲音……。

我真的很怕自己忘記媽媽，所以一直在腦海裡重覆播放與她相處的點點滴滴。那些回憶從鮮明到黯淡，我卻什麼也做不了，只發現自己還有好多好多話想對媽媽說，卻再也沒有機會了。

❖我還在試著從悲傷中站起來

隨著時間流逝，就像所有人面對悲傷的過程，我開始重新站起來，接受媽媽已經離開的事實，但總會因為一些事情，被迫放大潛藏在內心的悲傷，像是學校的家長會、媽媽生日、每一年的母親節。那些日子總會被思念填滿。

有時候，當我對著鏡子看自己遺傳自媽媽的白皮膚，或是在影片中笑著說自己是國際美人時，也同時在懷念媽媽。她是一個皮膚很白、很漂亮的人，我曾經不斷看著手上所有媽媽的照片，一邊看一邊流眼淚，甚至拿著照片躲進棉被，想著她會不會再次偷偷走進房間，抱著我說：「寶貝兒子，你怎麼了？」

很多人會好奇，為什麼我即使遭受網友不留情的謾罵、家人不諒解，仍然堅持拍影片，因為這是媽媽當初支持我做的事，也是我懷念她的方式之一。

我不知道媽媽看不看得到我拍的影片，畢竟她現在待的地方可能沒有網路可以連線，但我會繼續追逐夢想，因為知道媽媽絕對會支持我的選擇。

我的媽媽雖然也是國際美人，但選擇當個低調平凡的人，努力過生活，拉拔我和姐姐長大，總是為小孩的開心而開心，這是她愛我們的方式。或許她沒有像許多資優生媽媽一樣，會幫小孩打點好學業或才藝，甚至規劃好未來人生的康莊大道，但她盡己所能地對我們好。我很愛她也很想她，希望她在天上可以看見我過得很好。

靠北路上伴你行

有些親戚在我追逐夢想時，一直斥責說不夠成熟，卻因為我在媽媽過世時流淚，就說長大了。如果這樣才是長大，那我情願永遠幼稚。

3 類似義務教育的父子親情

我不知道爸爸是否曾經恨過我。媽媽過世後，我和爸爸有很長一段時間幾乎零互動，一天都說不上一句話。他依舊養我，幫我繳學費、在桌上放餐費，物質上該有的一件都沒少，但屬於家人間的互動卻再也沒有了。

我每天都和爸爸錯開時間出門，下課就直接進房間，除非有特殊情況，否則絕不對話，就算偶爾說了幾句話，很多時候常以爭執收場。或許在爸爸心中，媽媽選擇離開的原因之一，就是我拍影片，還有爆紅後帶來的一切問題。所以，當我選擇繼續拍影片，他才會這麼難以接受。

隨著我們之間的關係持續僵硬，他也不願意再相信我。當我在學校被人欺負，不管事情緣由如何，他的第一反應總是「就是因為你拍影片，才會被人盯上。」拍影片就是這麼令他抗拒。

國中時期，我在學校經歷很多難過的事，也從沒打算和爸爸傾訴，因為不相信他會站在我這邊。對當時的我來說，家庭支持簡直是奢求，尤其在媽媽離開之後，家彷彿只是個睡覺的地方。

那時和爸爸唯一的對話時間，就只有他喝醉的時候。也許是酒後才能吐真言，爸爸會把平常壓在心底的不滿全都朝我倒出來，像是他朋友說了我什麼壞話讓他沒面子，或是問我為什麼要繼續拍影片。

記得他最常吼說：「你媽媽都這個樣子了，你還整天拍影片，不要老是活在自己的世界！」我每次聽完這句話總是在想，**到底什麼是活在自己的世界？我明明從來不吝於表達想法，對爸爸來說，進入我的世界到底多麼困難？**

有時候我會頂一兩句，說爸爸根本不想懂我的世界，不試著理解就隨便批評，但接下來他會拿出竹條，大吼要我待在房間不准跑，而我通常也待在房間乖乖等揍。這個過程不知道重複了幾次，直到有一天他覺得我吼也吼不動、揍也揍不聽，就選擇放棄了。

或許有人會覺得我白目，不頂嘴就不會被揍，難道不能忍一時風平浪靜？但畢竟那是我們少數有對話的時候，所以我不會刻意保持沉默。平常都已經毫無交流，維持表面的和平又有什麼意義，我寧願惹他生氣，也比陌生人好一點。

❖我覺得從小就不是爸爸喜歡的小孩

正如前文所述，我從小就不是會討爸爸歡心的小孩，我知道他好面子，成績好又乖巧的姐姐才是值得驕傲的好小孩。爸爸會在朋友面前不斷稱讚姐姐考幾分、得第幾名，或是又得什麼獎，表情總是充滿自豪和光榮。

相較之下，我不僅頑皮，成績也不好，稱得上優點的就是喜歡唱歌和上台表演。但是，在台灣這個環境裡，愛表現不是一個好孩子該有的樣子，我更容易被歸類為上課容易分心又偶爾搗蛋的學生。

對爸爸來說，這種特質或許會讓他在朋友面前漏氣。他過去常常對我說：「為什麼不能像別人家的小孩一樣聽話？為什麼不能像姐姐一樣乖乖念書、表現好一點？」我覺得台灣小孩應該都被說過類似的話：「你為什麼不能像某某家的小孩一樣，如果你有某某的一半乖就好了。」

雖然爸爸不會露骨地表現出比較偏愛姐姐，在物質上對我們也很公平，該給的都不會少一份，但我隱約可以感覺到，這些好事和好吃的是為了姐姐，而我只是「順便」。

在我心中，爸爸很傳統也很嚴格，會規定我們不能任意吃外食、喝含糖飲料，也常唸我們在學校的表現，並訂立大大小小各種規矩。爸爸很看重自己的權威和尊嚴，不會實施「愛的教育」，我可說是從小被打到大，所以一直無法拿捏如何和他相處。

老實說，我記不太清楚和爸爸之間的美好事蹟，畢竟小時候真的沒有很專注在爸爸身上，自然沒有什麼具體的回憶。

但我記得有一次，爸爸帶全家去泰國玩，那時沒有什麼特別的行程，但是有安排不少玩水的時段。當時我根本不會游泳，甚至可說是非常怕水，也許爸爸想讓我感受一下水的感覺，就托著我的頭壓到水裡，訓練水中憋氣，但我一吃水就開始掙扎，爸爸見狀趕忙把我抱起來。

浮出水面那一剎那，我開始大哭（其實是假哭，想嚇嚇爸爸），爸爸非常緊張，一邊哄我一邊讓我坐在他肩膀上，慢慢往岸邊走。只有在這種不起眼的日常時刻，可以感受到爸爸的愛，一種笨拙而隱晦的愛。

❖爸爸的反對

在剛拍影片時，爸爸其實並未完全反對，畢竟他是個3C白癡，不會主動去搜尋我的影片，更不可能看到網友留言。爸爸一開始沒搞清楚到底發生什麼事，兒子只是上傳唱歌的影片，突然就有很多媒體找到家門前了。爸爸看到我被採訪、上節目通告，甚至有經紀公司要簽出道，起初或許覺得滿有意思，不打算干涉。直到他的酒友秀出酸民留言，甚至加油添醋地說了不少壞話，他才開始強烈阻止我拍影片。

我有時候會想，如果爸爸的酒友不是用嘲諷的語氣告訴他拍影片的事，他的抗拒感或許不會那麼重。雖然我當時不在他們說話的現場，但根據爸爸的反應，可以想像得到那些伴隨著酒意的嘲笑和惡意調侃。

我記得爸爸那一天氣沖沖地回家，一邊拿出網友留言給媽媽看，一邊說要禁止我拍影片。他還特別挑出一些攻擊家人的留言說：「明明是你的影片，罵你就好，為什麼連我們家人都被罵？」

爸爸的那些朋友在我面前都客客氣氣，沒有人真的敢當面嘲笑或批評我，有人甚至客套地稱讚說：「明軒長大、長高、變帥了。」但他們在背後卻和爸爸說我是個男不男、女不女的娘娘腔，化妝得跟女人一樣，在影片中穿著高跟鞋跑來跑去，甚至說我帶男人回家是不正常的同性戀。為了讓酒局氣氛更嗨，把我當笑料簡直是他們的最佳下酒菜。

他們人前人後不一樣就算了，用這種方式調侃朋友的親兒子，難道都不用管對方家庭會不會受到影響，對方會不會自尊心受損？我覺得這種人簡直是婊子界的大大，他們太值得這個稱號了。

有些人說我講婊子是歧視女生，這邊澄清一下，對我來說，婊子是一種人，不分性別，他們很愛搞事，為了自己爽而害別人過得很痛苦，然後假裝自己是一片好意。

我實在不知道要用什麼詞去形容這種人，因為婊子就是婊啊。

回歸正題。愛在背後說是非，導致別人家庭受影響，但又沒種當面直接講的人，真的是有夠婊的。

靠北路上伴你行

爸爸酒後最常對我吼：「你媽媽都這個樣子了，你還整天拍影片，不要活在自己的世界！」其實我從來不吝於展現自己的想法，只是爸爸不曾嘗試走進我的世界。

4 我們一起成長，放下堅持走向包容

我和爸爸的關係一直持續僵到我高中才開始轉變，當然不是大家期待的偶像劇式大和解。日常生活中不會發生這種事，請大家把粉紅泡泡都戳破，現實往往比狗血劇情平淡多了。

我們關係的轉變很簡單也很無趣，就是開始會說話和互動，但我根本沒印象是誰先釋出善意，可能那些對話的日常程度高到被大腦忽略。而且，雖然開始對話，也只是簡單地說一兩句，並沒有突然變成好兄弟交心。

❖久違的父子情，是彌補還是認同？

原本我以為偶爾開玩笑，稍微恢復交流就夠了，沒想到爸爸對我的態度越來越友善，還開始做一些以前不會做的事，真不知道他突然受到什麼人生刺激。爸爸現在定期要出國工作，看到當地有趣的衣服，都會拍下來問我想不想要，或是買好吃的食物和我可能喜歡的土產給我，可說是非常捨得為我花錢。

記得有一次爸爸從國外帶了一件衣服給我，因為我平常不是特別在意名牌，所以就當作一般外衣穿，沒有特別珍惜或小心保養。沒想到姐姐回家後驚訝地說：「你知不知道這個牌子非常貴？」之後我偷偷上網查了一下才發現，竟然真的是知名大牌的衣服。

爸爸的轉變一開始讓我很不習慣，畢竟冷淡了那麼多年，太久沒有互動真的會忘記如何正常相處，有時候還覺得有點尷尬。爸爸甚至曾向姐姐抱怨我態度冷漠，而姐姐只回答：「你之前都不理弟弟，要怎麼讓他現在立刻理你。」

可能就是因為姐姐的一席話，爸爸一直用他的方式彌補我們之間的父子關係，重新學著和我交流。我們現在仍有爭執，他有時也會打從心底不認同我的作法，卻不再像從前一樣強硬要求我改善，而是選擇用沉默包容。

❖爸爸，謝謝你開始願意理解我

我之前參加彩虹大遊行，回到家後興奮地描述當天看到的帥哥和別人的裝扮。當天晚上爸爸喝了小酒有點醉，聽一聽突然生氣地訓我一頓，要我不要這麼高調地表現性向，搞同性戀偷偷帶回家就好。

當晚我們大吵一架，我為了緩和情緒便出門到附近的公園散心，沒想到爸爸突然變得超緊張，立刻拜託姐姐出來找我（後來姐姐偷偷告訴我的），因為他知道這種時候我需要能好好說話的同輩。

經過和姐姐的對話，我的心情逐漸冷靜下來。我們回到家後，發現爸爸明明已經喝醉，還撐著眼皮等，沒有去睡覺。他看我們到家後，表情像是鬆了很大一口氣，但沒有多說什麼，只說早點回房間睡覺休息。

最近這陣子，我們的關係改善得更多，爸爸不再因為我而被朋友嘲笑，媒體報導、網友留言也開始朝正面方向發展，所以他漸漸不像過去一樣，看到我拍影片就情緒緊繃，甚至偶爾願意入鏡。我可以感受到，他開始試著包容我正在做的事，甚至不再一味反對我的裝扮、說話方式和外表。

之前曾發生一件讓我印象深刻的事，確切地感受到爸爸真的改變很多。我在和繼母照顧剛出生的妹妹時，隨口一問：「如果妹妹是同性戀怎麼辦？」繼母半真半假地笑著說：「那我就打到她改。」後來我又問爸爸相同的問題，沒想到他只是淡淡地說：「她（妹妹）過得高興就好。」

雖然爸爸這幾年對我的態度驟變，但我始終不確定他是不是真的願意支持我。儘管他現在努力地對我好，也時常表達關心，但我還是有點疑惑，因為他從來沒有直接說過支持的話。

與過去那段僵到冰點的時期相比，爸爸如今試著包容我的想法，這對過去的我來說簡直無法想像，真的是很不容易的一步。期待有一天爸爸能明確地讓我知道，他願意支持我的夢想。

爸爸，謝謝你試著走進我的世界。

偶爾暖心伴你行

爸爸，謝謝你開始願意理解我。從起初完全反對，到現在試著包容我的想法。衷心期待有一天你願意告訴我，你支持我的夢想。

5 阿婆，另一個永遠疼愛我的人

我不常提起這件事，而且知道的粉絲也不多，我算是由阿婆（注2）帶大的小孩。媽媽曾經說過，我不是預料中的小孩，而且來得太突然。當時媽媽的生意剛起步，爸爸暫時沒有收入，家中的經濟狀況真的很糟糕。再加上姐姐年紀小需要人照顧，如果家裡再多一個小孩，不管是在經濟還是照顧上都是沉重的負擔。

但是阿婆知道媽媽不打算生下我時，不斷勸她把我留下來。這無關性別，因為當時還無法判別。阿婆純粹秉持珍惜生命的心，力保讓我誕生於這個世上。

而且，阿婆不像PTT婚姻版上常出現的惡婆婆，不會只出一張嘴。她當時拍胸脯保證，這個孩子生下來就由她負責養，因此我小時候有一段時間是住在新竹關西的阿婆家，讓媽媽可以無後顧之憂地賺錢。如果沒有阿婆，這個世界上或許就沒有鍾明軒這個人。

❖阿婆簡直是我的「稱職男友」

媽媽之外，我最親近的長輩就是阿婆。雖然我在阿婆家住的時間不算長，升上小學後就搬回家裡住，但在記憶中阿婆非常疼我。

還記得阿婆家的外牆爬了很多壁虎，會從窗戶的縫隙鑽進來，甚至只要拍拍窗簾，就會有幾隻壁虎竄出來，發出奇異的叫聲。

不知道為什麼，我小時候真的非常害怕壁虎（現在也有點怕），或許是因為牠們又大又怪的眼睛、又軟又彈的身體，還有尖尖細細讓人頭皮發麻的叫聲。我小時候常

注2：念法為a╱ poˇ，在客家話中代表祖母的意思（父親的母親）。

常被牠們嚇到哭出來，而阿婆就像個稱職的男朋友，只要聽到我叫「阿婆！」或是喊「有壁虎！」不管她人在哪裡，都會立刻過來幫忙趕走壁虎。

而且，當我在阿婆面前展現出愛表演的那一面，或是單純的撒嬌，她也不吝於稱讚。與阿婆一起生活的時光，簡直可說是每天被讚美堆滿，也許正因為這樣，回去和爸媽一起生活後，總感覺不太習慣。

有一段時期，我只要去阿婆家，就會不斷要阿婆幫忙「充電」，撒嬌要她稱讚我棒、我乖、我很漂亮，這或許是因為回到家後受到的關注和讚美驟減，或是看到姐姐常被稱讚，於是心理不平衡。

❖多想讓阿婆明白，那份感謝與虧欠

阿婆是傳統的客家女人，個性吃苦耐勞，平時生活總是能省則省。她從事園藝相關工作，但是和一般人的想像天差地遠，並不是在冷氣房裡優雅插花，偶爾還能在花海環繞中喝下午茶。

阿婆的工作很耗費體力，不論是採收、修整、施肥、培土等全都是粗活，必須扛著沉重的器具，在難走的泥地間來來去去。為了維持花草的新鮮，常常需要跟時間賽跑，有時候一整天都顧不得休息，真的一分一毫都是血汗錢。

雖然阿婆賺的是辛苦錢，卻只對自己節省，極盡疼愛我這個孫子，總是盡力滿足我的願望。我現在回想起有些事，都覺得有點不好意思。

還記得國中的時候剛盛行智慧型手機，只要一支智慧型手機在手，就能成為同學中最潮的那個。當時我對金錢沒什麼概念，只知道手機的價格是把撲滿所有錢倒出來，都湊不齊的數目。

那時爸爸和姐姐約定，如果她拿到全班第一名，就買一支最紅的智慧型手機給她，而姐姐果真達到這個要求，爸爸也依約定買了手機。還拿智障型手機的我，很嫉妒姐姐擁有智慧型手機，但我的成績沒達到標準，沒有立場要爸爸買給我。

某一天我去阿婆家時，和她提了一下智慧型手機的事，撒嬌地說：「姐姐都有～為什麼我沒有～太不公平了！」沒想到阿婆偷偷帶我去電信行，花一萬多塊買了我人生第一支智慧型手機。

那個當下，我只想著有智慧型手機超爽，心裡還沾沾自喜，可以拿去學校向同學炫耀一番，沒想過那是阿婆在花圃間穿梭勞動賺來的辛苦錢。

我把手機藏了幾天後，還是不小心被爸爸發現了，他不斷逼問我哪來的智慧型手機，我只好從實招來，害得阿婆也被爸爸痛念一頓。

現在回想這段往事，真的覺得很羞愧，自己居然讓阿婆操這個心，但再也沒辦法讓阿婆明白這份虧欠了。

❖永遠要記得說愛

在媽媽離開我們之後，阿婆從關西老家搬到我們桃園的家，除了接手照料兩個孫子，也努力填補我們失去媽媽的生活空洞。

每當我放學回家，阿婆都會煮東西給我吃，有時候是一些小菜，有時候是麵，她肩負起像是新媽媽一樣的角色，努力不讓我們餓到。但是，由於爸爸的廚藝實在很好，在他的訓練下我的舌頭挑剔又靈敏，阿婆的飯反倒有點過鹹，不過我依然感謝阿婆所做的一切，讓我們回家後不用擔心如何面對空蕩蕩的廚房。

幾年前的某一天，阿婆騎著腳踏車下班回家，竟然在離家裡只剩幾百公尺的地方被貨車勾到，直接傷到腦部。雖然命保住了，但腦部損傷導致失去記憶，智商也只剩下幼童的程度，已經失去自理甚至辨認我們的能力。

現在我和阿婆說話，都要一直提醒她我是她最寵愛的孫子。她就算不記得，至少當下會笑著回應。我平常會抱抱、親親阿婆，跟她說我們愛她，家人都笑說阿婆是我們家第二個嬰兒，要被所有人寵愛和照顧。

過去我常覺得抱來抱去實在太肉麻，更別說是開口說愛，所以總是像一般青少年一樣裝得很酷，不好意思表露自己的感情。但是，當阿婆變成現在這樣，我覺得好後悔，沒有在她能理解時就告訴她，我有多感謝她、多愛她。

對年輕人來說，時間好像總是多得用不完。但如果有想做的事，真的要立刻去做，不要再拖拖拉拉，因為沒有人知道還有沒有下一次機會。我知道這番話很老派，不是每個人都會去實踐，我也是經過媽媽和阿婆的事之後，才深深感受到世上沒有事情是理所當然，過去習以為常的東西其實非常珍貴。

與其事後不斷後悔自己還有什麼話沒說、什麼事沒做，不如趁現在好好表達愛意和謝意。真的，不要再拖時間了。

偶爾暖心伴你行

與其事後不斷後悔還有什麼話沒說、什麼事沒做，不如趁還有機會的時候，好好表達愛意和謝意，不要再拿尷尬當藉口。

6 達尼小姐，粉絲的最愛

看過我影片的人應該都知道達尼小姐，她是為了照顧阿婆而請來的外籍看護。達尼小姐在我頻道的出鏡率實在非常高，因為我發現粉絲真的很愛她，只要有她在，點閱率都會特別高。有時候我的同學或朋友入鏡，還會有網友在下面留言說：「換達尼小姐上來」，我都懷疑她的人氣搞不好比我本人還高（應該不會吧……）。

剛開始讓達尼小姐和我一起拍片，是無心促成的結果。本來她只出現在畫面中的角落，或是偶爾和我互動一下，沒想到慢慢有人開始關注她。

❖一句話爆紅，成為影片的最佳班底

因為在意達尼小姐的粉絲實在越來越多，我後來拍了一系列以達尼小姐為主角的影片。其中有一部是我買很多麥當勞請她試吃，想讓她比較台灣的麥當勞和印尼有哪裡不一樣，當我教她說「雞排」的時候，她因為口音太重，不小心說出讓人遐想聯翩的詞語。至於是什麼詞，在這邊寫出來會被編輯罵，有興趣的讀者可以自行到我的頻道確認。

結果，因為那個詞，讓短短只有五十秒左右的影片衝上點閱率高峰，粉絲熱烈地留言討論，同時不斷誇獎達尼小姐可愛。正是這個小插曲，我發現達尼小姐真的很適合拍影片，她有一種神奇的魅力，無論再普通的事從她嘴巴說出來，都會變得有趣也很療癒。

於是，達尼小姐成為影片中最常出現的固定班底。我只要在家拍影片，幾乎都會請她加入。不只是以她為主角的影片，還有日常生活的小分享，我也喜歡讓她來參一腳，講講片尾詞都好。

可能是達尼小姐外國人的身份，讓大家覺得很新奇，或者是達尼小姐實在是笑得很歡樂，讓大家光看到她的笑臉就覺得被療癒。不論粉絲愛達尼小姐的理由是什麼，在我厭世影片佔多數的頻道裡，她真的中和了不少負能量，也吸引許多為了她而來的粉絲。

❖我們的生活就像無時無刻在拍影片

在達尼小姐來到我們家之前，因為社會新聞和刻板印象的關係，家裡一開始不太信任外籍看護，而且考量到照顧阿婆可能會有溝通上的問題，所以我們家請的第一位看護其實是台灣人。

但沒過多久，發現那位看護照顧阿婆不是很用心，常常趁家人不在就混水摸魚，而且情況一直沒有改善，因此那位看護沒做滿一個月就被換掉了。

之後，經由爸爸朋友的介紹，達尼小姐來到我們家工作。她是我們家請的第一位外籍看護，而她自己也是第一次出國工作，由於兩邊都沒有經驗，面對彼此時多少有點戰戰兢兢。當時達尼小姐幾乎不會講華語，只會幾句最基本的「你好、謝謝、對不起」，我們如果想請她幫忙，她幾乎只會乖乖點頭，然後默默去做，不會講其他多餘的話。

但對我來說，家裡出現外國人是很新鮮的事，而且這位外國人來自我們很常耳聞，實際上卻幾乎一無所知的國家。身為一個具有國際觀的國際美人，當然不會放過和外國朋友交流的機會。

達尼小姐剛來的時候，我就很愛跟她搭話，用比手畫腳、半矇半猜的方式聊天，慢慢得知她因為家裡經濟情況不好，於是選擇離開印尼，到台灣工作貼補家用。

後來我們家替達尼小姐買了學華語的教材，我也常常教她怎麼講，她慢慢地越講越流利。我除了和她交流印尼的事情，甚至學了幾句印尼話。之後，她的話開始漸漸變多，跟家人的互動也更自在。

我和達尼小姐之間的互動，真的就像影片中呈現的一樣。說到這裡，我必須再三強調，**我的影片一向都很誠實，不會假掰地先套好招，然後裝得和樂融融，是朋友就是朋友，若不是我就會翻白眼給全世界看。**我和達尼小姐就像彼此的朋友，相處起來很輕鬆，不只會互相開玩笑，有時候甚至還會「很有愛地」埋怨對方。

我偶爾懶得出門時會訂麥當勞外送，但取餐時很容易被外送員認出來，所以常會請達尼小姐幫忙。每次達尼小姐看到麥當勞的袋子，都會假裝氣呼呼地抱怨我忘記幫她買一份，因為她最喜歡吃麥當勞了。

還有很多時候，我會向達尼小姐撒嬌，像是拜託她接送我到車站。由於桃園老家距離車站需要走一大段路，有時候天氣實在太熱，我便會拜託她載我去車站，或是到車站接我。

達尼小姐雖然嘴上抱怨，還是會騎著我家那台耗電迅速的電動腳踏車出門。每次騎到上坡路都會很吃力，她常一邊發出印尼語的狀聲詞，一邊賣力地踏著腳踏板。但是，她就算每次載我都又喘又累，仍願意幫我這個忙。

❖幸運來到我們家

很多台灣雇主雖然名義上請看護，卻讓她們做很多看護外的工作，而且看護對象很多都失能，照顧起來要費一番心思。相較之下，在我們家就輕鬆許多，畢竟阿婆只是失智而不是完全失能，平時日常生活都還算正常，照顧起來沒有特別的要求，也不挑嘴，甚至可說比我還好照顧。

達尼小姐自己也常說，來到我們家很開心、覺得很幸運。她有很多同鄉明明來台灣應徵看護，卻有一堆無良雇主把看護當廉價幫佣，甚至是農田或工廠勞工，其中不少人被扣住護照與居留證，只能任由雇主提出各種不合理的要求。

每次聽達尼小姐說起那些傷心的故事，或是在新聞上看到類似的報導，我都會又生氣又難過，為什麼那些人不願意好好認識外籍看護或者移工？他們和我們一樣會哭會笑，為了家人來台灣努力工作，卻遭受種種不公平的對待，還要忍受生活中接連不斷的歧視。

和達尼小姐相處的過程中，我有時會突然想起我們家剛開始對外籍看護的顧慮，現在覺得真的很荒謬。之前請的台籍看護雖然語言相通，但做事不夠盡心盡力，而幾乎語言不通的達尼小姐，卻非常認真工作，跟阿婆的感情也維持得很不錯。

媒體、網路或是大眾輿論，常會把一個族群中不好的部分放得過大，但真相往往

得經過理解後才會浮現。在評斷另一個人之前，如果先用心認識對方，一定能尋獲許多意料之外的珍貴回憶。就像我從達尼小姐身上得到許多啟發和靈感，讓我能拍出讓大家喜歡的影片。謝謝妳，達尼。

偶爾暖心伴你行

謝謝現在喜歡達尼或曾經喜歡達尼的所有朋友，因為有你們，我們的人生變得更精彩。再兩年，達尼就要回到印尼家鄉，我們一起祝福她！

第3章

校園理應光明卻暗黑，我的青春「我決定」

1 老師，你們不是該保護我們嗎？

我猜每個人應該都遇過好老師和壞老師，很少有人一輩子都遇到充滿愛心的好老師，即使有這種人，應該也是少數中的少數再少數。那些幸運的人這輩子都不用買彩券了，因為已經把生命中的籤運都擠乾了。

至於其他人，幸運一點的會遇到比較多好老師，走不了多歪。衰一點的遇到一些垃圾老師，很愛把自己被堵塞的怨氣用來堵塞學生的人生，彷彿決心成為人生路上的血管栓。

我覺得台灣很多老師都滿失敗的，堅決維持傳統觀念，或是平時做事散漫也就算了，有不少老師連學生出事也不管，甚至還自己跳下來搞事，難怪那麼多由教育衍生出的問題。

❖應該先聽意見，再判斷我是什麼樣的人吧？

我剛好在升國中的暑假爆紅，所以一升上國中就被很多人討論，尤其負面爆紅更有話題性，得到的關切比學校風雲人物還多。

那些關切有很多種形式，有些人心懷好意想要表示關心，卻不好意思找我搭話，有些人純粹看笑話，對我行注目禮再竊笑走過，甚至有一群人在教室外面聚集，手中拿著板板（注3），圍著窗戶喊我出來要簽名。

當時我盡量避開不理會這些情況，國一生被高度關注本來就不一定是好事，加上媽媽剛過世，實在不知道那些人是好意還是心懷不軌，各種莫名其妙的行為讓我更緊

注3：許多國高中生會在彩色塑膠瓦楞板上寫字或是貼照片，作為大型卡片贈送他人，常出現在生日、畢業或其他有紀念意義的場合。

張。

當時我非常自閉、安靜又沒自信，走路總是頭低低地看著地板，不敢正眼看人，因為怕看到別人竊竊私語。只有感覺到周圍有人靠近時，才會抬頭偷偷瞄一眼，避免在路上發生擦撞又搞出什麼是非。

或許就是抬頭偷瞄的動作，讓一些學長姐擅自得出「鍾明軒很跩」的結論，但他們明明完全不認識也不瞭解我。我到現在還在懷疑，他們是不是眼睛有問題，沒看到我盡量閃邊、努力不去干擾別人嗎？這種自以為是的臆測簡直是社會癌細胞，整天聚在一起就進化成社會毒瘤。

那些學長姐私下說我跩就算了，還把他們的大膽臆測告訴學務處老師。那位老師教表演藝術，和學長姐們混得很熟，平常還會像朋友一樣聚在一起聊天。**老師和學生像朋友一樣相處沒有什麼不好，但連智商和舉止都退化成國中生水準，就是件很麻煩的事。**

❖至今仍記得那個「鄙視」的眼神

我每次走進學務處，就會感覺到那位老師的敵意。有一陣子，我只要走過她身邊，她就會抬起頭，從頭到腳打量我，像過海關掃X光一樣。一開始我沒想那麼多，當下只感覺有點不舒服，但是每次進學務處都被掃那麼一次，搞得像隨時要出入境一樣，心情實在是很差。

等到我再長大一點，才慢慢知道那種眼神叫作鄙視，現在偶爾還會看到一些路人對我露出那種眼神（有些路人真的很閒，愛在路上隨便亂看），我總會回想起那位老師的神情，一種打從心底把你當垃圾的眼神。

她看到我都露出那種眼神，處理我的事情時，態度自然不會好到哪裡去。我曾經認真比較過她對待我和其他學生的態度，她顯而易見的惡意真的是任何明眼人都看得出來。

記得國中有一陣子，我經常去學務處找主任處理事情，但只要學務主任不在、我請那位老師幫忙，她在掃完例行X光後，就會開始施展無視攻擊，最多拋下一句：

「我在忙，你等……」，而且話都說很快，語尾幾乎聽不清楚。我好擔心她的聲音到底怎麼了，是帶有什麼致命病毒，所以才不能隨便放出來害人嗎？果然婊子都天賦異稟，自帶科學奇蹟。

至於其他學生的事情，她會立刻處理，還和對方說說笑笑。但只要我出現就是「標準待遇」，一整套故意讓人等到天荒地老的SOP。我常常只能乾等，看著她摸摸書或鍵盤，就是不願意跟我說話。有一次我故意站一節課，想看她到底能撐到什麼時候，沒想到她抵死就是不肯跟我說第二句話。

真的不能理解她的邏輯，難道不能開金口請我晚點來嗎？她說一句話就能讓我這張令人心煩的踐臉立刻消失，怎麼想都是這樣比較正常，為什麼硬要別人站著乾等？您老人家看到我的臉就心情惡劣，我也等得一肚子火，對雙方都無益的事何苦這麼堅持？唉呀，我忘了，我永遠不會理解婊子的思維。

❖老師的輕漫對學生就是毒藥

其實，老師最可怕的地方通常不是特別做什麼虐待學生的事情。老師不是笨蛋，當然清楚做得太過頭會對自己不利，不僅可能會引來媒體關注，未來做什麼也都會被緊盯。

而且，老師非常清楚做到什麼程度會讓人無可奈何，他們只要裝死到底，不理會或無視學生的求助或問題，或是無聲地譴責、若有似無地差別對待，就可以讓學生心靈受到巨大創傷。

學生剛進入青春期，不知道如何解讀老師帶有惡意的態度或行為，自己亂撞也就撞歪了。像我現在也沒辦法指控前文說的那位學務處老師，因為她可以理所當然地拿出桌上任何一疊文件，說自己實在忙到不行，無法和旁邊那位站了一節課的學生說一句話。

讓人無法指控的傷害比使用暴力更卑鄙，當學生受挫甚至被影響一生時，那群混吃等死的老師依然領薪水、等退休金，準備把自己的孩子培養成菁英，最好優秀到可以帶自己去美國養老，從此過上幸福快樂的日子。

靠北路上伴你行

真心覺得台灣很多老師都滿失敗的，他們堅持用傳統觀念教育學生，有時候連學生出事也不去管，甚至自己跳下來搞事。我選擇說出這些故事，是希望能讓更多人看見，為台灣教育帶來一點好風氣。

2 直到現在，我仍感謝那位班導

對於剛踏入青春期的學生來說，老師扮演非常重要的角色，這也是為什麼我無法接受壞老師，畢竟青春期非常關鍵，許多價值觀及人生態度，都是在這個時期養成與塑造。

人在每個階段都有個重要對象，而這個對象的一舉一動都可能會影響一生。舉例來說，沒有人一出生看到襪子，就知道襪子是穿在腳上，我看過不少小孩把襪子套在手上，甚至塞進嘴巴。人從小就會觀察家人或親人的一舉一動，進而學習或模仿他們的行為與態度。就像穿襪子，我們在觀察到家人怎麼穿之後，才開始用正確的方式穿襪子。

小孩再長大一點，開始進入青春期後，會試圖走出家庭保護傘，家人漸漸不再是模仿的唯一對象。這個時候，老師經常成為小孩的第二個模仿對象，所以老師的所作所為非常關鍵。

我從小就很有想法，常會觀察學校裡的大人，很明顯地可以感覺到哪些老師和我合拍，哪些老師完全不在乎學生、把學生當空氣，還有一些老師覺得自己最正確，完全不考慮學生的個別狀況，一味地把自己的價值觀硬塞到學生身上。

❖在最艱難的日子裡，一路上有好老師相陪

雖然我遇過像學務處老師那種不OK的師長，但很幸運地，國中三年的導師是非常好的老師。國中班導對待我的方式很簡單，就是把我當成普通學生，而不是麻煩份子或特殊學生。她會用禮貌的方式關心我家裡的狀況，也是她讓我知道尊重學生有多麼重要。

記得剛開學第一天上課時，我被班上同學拱出來當班長，因為大家還互不認識，

爆紅的我在班上顯得非常突出。我知道有些老師為了便宜行事，會順勢強迫學生就範，但當時班導很溫和地問：「明軒，你願意嗎？」有點不知所措的我小聲拒絕，班導也沒有再勉強。雖然這只是一件小事，卻讓我得以在接下來的時間，放鬆地待在班級裡。

因為家裡發生的事情，教育部其實曾特別發函到我的國中，要求學校輔導處專門輔導我兩、三週。那時候我年紀小不懂事，認為被輔導就等於是「有問題的人」，而我自認為沒有需要輔導的問題，所以去一、兩次就沒再去了。

班導知道我不想去輔導後，沒有任意批評好壞，而是觀察我的情形，發現沒什麼特別狀況後，就沒有強制逼迫我到輔導處。

對我來說，所謂的好老師不需要像小說或漫畫的熱血教師一樣，拚上性命幫助學生解決生活中大大小小的事情，只要能做到基本的尊重與關心即可。

其實大家可以仔細想想，小說和漫畫那種熱血教師，如果放到現實生活中會有多煩，像是偷偷觀察學生放學後去哪裡、從黑道手中搶回學生等等，請問老師的副業是跟蹤狂兼鎮暴警察嗎？這種幻想不要隨便套用到現實生活中，不然台灣那麼多爛老師都不用活了。

我和國中班導雖然沒有小說、漫畫中那種熱血又深厚的師生情，但從很多方面都可以看出她對我的關懷，她關心我和家人，但不會以關心之名侵害隱私。

國中時阿婆生病住院，那陣子我和家人經常家裡、醫院兩頭跑，而我和家裡的關係不好，全家的心理狀態都維持在高焦慮的狀態。

某次在醫院，爸爸因為一些小事和我爭執，不斷地飆罵，甚至罵到護理師跑來關切，我因為受不了而跑出醫院，第一個想到的就是向班導求助。班導住的地方距離醫院大概一個多小時的路程，但她依舊立刻趕來，陪我們家度過情緒的高峰。

此外，某次班導來探病時，甚至在阿婆的枕頭下偷偷塞了一個小小的紅包。雖然班導什麼都沒有說，但她用自己的方式給予我許多支持，讓我直到現在都感謝在心。

偶爾暖心伴你行

每個人生命中應該都有好老師與壞老師，謝謝我國中三年遇到的好班導。如果班導看到這本書，我想再次謝謝妳！

3 應該「主觀」還是「客觀」上課？

老師在教育體制中是教學者，但不是某個特定科目很強，就可以和「好老師」畫上等號。好老師應該要關心並尊重學生的感受，而不是丟某些東西強迫學生吃下去。教育不是在養狗，連狗都會挑伙食，何況是學生。

但是，很多老師會忘記，講台下的學生各自面臨不同的課題。有些學生可能家裡出事，有些學生可能健康或精神狀況不好，導致上課表現不佳。

或許很多老師認為，上課表現不佳的學生就是「壞學生」，所以選擇用責備試圖讓學生「改邪歸正」，最糟糕的甚至是直接忽視或是就此放棄。

❖放棄很簡單，但也很殘忍

有些宣稱夠格教育別人的老師，卻用前述這種最淺薄的方式判斷學生好壞，硬生生把需要幫助的學生逼成壞學生。當然，老師的確有指正學生的權力，也有資格評斷上課表現不好的學生，但是在指責之前，難道沒有義務了解學生為什麼會有這些行為表現嗎？

對於老師來說，放棄的確是解決問題的方法之一，但**為什麼總是選擇解決「出問題的人」，而不是選擇解決問題？**了解學生不是掌握一切，而是適時明白學生的狀況。

但是，偏偏很多老師選擇完全放任學生的行為，課堂上繼續寫黑板、講課，或是直接丟下指責的話。更糟的老師會帶動全班起鬨，即使情況接近失控也不管。我有時都懷疑，一個愛睡覺的學生如果在班上昏倒，不適任的老師要過多久才會發現。

每個學生都是一段人生，老師怎麼能因為個人的主觀意識，而選擇篩選掉任何一條生命？這比把學生當狗養更惡劣，狗被安樂死還有人幫牠們抗議，但被丟棄的學生呢？

❖性教育是為了減少歧視和霸凌

之前有人要求用公投決定教育方向，我覺得這種方式很荒謬，因為很多家長的觀念趨於保守，很容易被奇怪的傳言洗腦或煽動。

為什麼人們不出來反對小孩學代數或微積分壓力太大，反而一直關注「性教育」這一塊。理解微積分的小孩不一定幸福，但理解性教育的小孩至少在遭遇相關問題時，有足夠的知識保護自己。

社會的許多歧視來自於不了解與不熟悉，反過來說，了解之後就能有效地緩解歧視和霸凌。**性教育能夠幫社會減少霸凌、減少被孤立的小孩，並不是把小孩變成同性戀**，否則我們都在異性戀的環境中長大，為什麼沒有全部的人都是異性戀？

❖有時候老師才是霸凌的主因

把話題拉回教育現場，老師身為教育者，除了傳授知識之外，同時也可能影響學生的一生。在學生還沒培養出獨立思考的能力前，老師就像是聖人，學生會吸收、奉行老師的一言一行，而且影響的效果立竿見影。

我甚至聽過某位老師當面對學生說：「同性戀不正常。」這樣的老師到現在還是很常見。如果學生心智成熟，有獨立思考的能力，聽到老師這種言論一定會反駁，但如果學生還未建立完整的價值觀，便不會去質疑老師，而是深信不疑。

於是，心智不成熟的學生聽從老師斬釘截鐵的言論，班上一些性別氣質較中性的學生可能就遭受孤立，甚至演變成霸凌的局面，而這一切的開端都是「老師說這樣不正常」。

所以，不要再把霸凌的問題全推卸給媒體，當然媒體也要負起一定的責任，但是老師在教育現場才是最重要的關鍵人物。不過，很多老師選擇漠視教育現場的問題，然後丟下一句「網路帶壞」就拍屁股走人，那麼我們要這些老師何用？他們有拿退休金以外的功能嗎？

我的許多信念和價值觀是透過閱讀而建立，一開始看到書中內容的當下，經常感到非常訝異，因為和我過去受過的教育內容完全不一樣，也正是因為閱讀，讓我看到學校之外的廣闊世界。

但是，很多學生是不閱讀的，他們都只看 YouTuber 拍的網路幹片，如果老師在學校又放任學生不管，到底該如何維持學生的素質，難道要任由整個教育品質往下沉？

靠北路上伴你行

每個學生都是一段人生，對老師來說，放棄的確是解決問題的方法之一，但我們為什麼總是解決「出問題的人」，而不是解決問題？

4 誰叫你紅了，活該被欺負

我很少在網路或媒體上公開國中被霸凌的經驗，而且每次回憶那些片段就像重返現場，內心的痛苦超過一般人所能想像。但是，我仍決定寫出那段令人不願回首的過去，希望能帶給有類似遭遇的讀者一點勇氣。

我經歷過各式各樣的霸凌招數，簡直是花招百出、創意無限。我有時候會想，如果那些霸凌我的人把心思多放在經營感情上，有些小婊子就不會到現在還交不到女朋友。

剛爆紅時，我除了上新聞，也上過大大小小的節目，在這些節目上有時候被稱讚，有時候被調侃，甚至有人當面指責我和媽媽。後來家裡出事，媒體和網友的追逐更瘋狂，很多隱私或真真假假的消息也連帶曝光，最扯的是有媒體胡亂編湊媽媽過世前後的故事，就只為了博取點閱率。

那段時間，路上隨便一個路人都會對我指指點點。而且最靠北的是，我在升國中的暑假爆紅，除了要面對一切變故，開學後還得適應一個完全陌生的新環境。

正因為媒體及網路的傳播熱度，讓許多同學在實際認識我之前，就先依照一套刻板印象，討厭起他們想像中的鍾明軒。有人說我娘砲、超跩、屁孩，甚至說我看不起別人、自以為很紅，但散播這些流言的人通常根本素昧平生，甚至沒跟我講過半句話。

他們只不過是在學校看過我，就可以大肆批評，而我連辯解的機會都沒有，只能傻傻地站在鎂光燈下，任由站在暗處的他們朝我身上潑髒水。

❖你們想過為什麼討厭我嗎？

我直到現在都非常討厭一種人：他們不認識我也不肯來認識，卻任意對我的個性發表評論。我知道自己的打扮突出，沒辦法，國際美人嘛，所以勉強可以接受有人針對外表批評指教，畢竟凡人就是愛大驚小怪。但為什麼有人明明只在路上看過我幾次，就有資格用機車的口吻到處說：「喔～我跟鍾明軒同校啊，他平常真的超跩的。」拜託！攀關係攀成這樣到底要不要臉。

前面說的那種人，我在求學階段不只遇過一次，有幾次對方不知道我也在場，直接拿我當熱場子的話題，但我仔細一看，卻發現根本不認識那位很敢評論的人。他沒話聊就只能靠罵我救場，話題貧乏的程度可悲到讓人翻白眼。

靠北路上伴你行

從小到大，很多人說我娘砲、超跩、屁孩、自以為很紅。但是，講這些話的人根本不認識我，也沒跟我講過話。請問真心來認識我到底有多難？

5 霸凌，整人手段總是創意無限

在背後酸言酸語、偷拍再傳到網路上嘲笑之類的招數實在太常見，是等級最低也最嫩的。有不少人會當面嘲笑或攻擊，甚至直接動手動腳。

我在影片中講過很多次，很多人極愛對我唱〈煎熬〉然後大笑，這種無聊的事一直到大學都沒斷過，現在還是有人特別從宿舍探出頭，對我大吼大笑。那些人難道都活在沒網路的世界，還是其實是穿越時空來的？我都已經出新單曲了，那些人還整天對我唱〈煎熬〉，真的很不懂得與時俱進。

❖幼稚卻能把人逼瘋的伎倆

國中時期，很多人只要在走廊看到我，一抬腳就往我屁股踹。那時候的運動服醜得要命，但我討厭的理由不僅是因為它醜，而是因為運動褲竟然是黑色（難道不知道黑布吸熱嗎？）每一次被踹，褲子上都會留下明顯的鞋印。有時候踹我的人甚至會先去操場沾上一些沙子，以便在我身上印出最大、最清楚的鞋印。

有一次我單獨去福利社買點心，結帳的時候聽到周圍有人在鼓譟，但我只想趕快買完回到教室，沒特別注意旁邊的人在講什麼，而就在準備掏錢的時候，有個人突然衝出來，抓住我的褲子往下拉。

沒錯，他居然在大庭廣眾之下脫我褲子，而且是完全不認識的人。他和同夥們成功整到我，又笑又叫的，好像做了什麼了不起的大事業，然後一臉挑釁地等著看我怎麼反應。

當時我長得瘦弱又沒攻擊性，而且身邊沒有認識的人，只能迅速把褲子穿起來，拿著剛買的點心匆忙地跑回教室。我沒有辦法反擊，甚至沒有告訴老師，因為對那些霸凌者來說，被處罰、記警告都沒有嚇阻效果，反而會換來過激的攻擊行為。所以，我每次遇到類似的情形都忍在心裡，不敢跟老師講，更不敢跟家裡講，就怕引發更嚴重的事情。

此外，曾經有人跟蹤我回家，晚上對著我房間的窗戶丟石頭，在家樓下大吼大叫，他的聲音聽起來像是國中生，卻用命令的口吻要我滾出來給他罵。我什麼都不敢做，只能關掉房間所有的電燈，躲在棉被裡，希望自己趕快睡著，或是那個人可以快點離開。

即使這種事發生不只一次，我因為怕家人知道，連報警都做不到，只能任由對方挑釁到厭倦為止。那段時間經歷許多恐懼和不舒服，只能自行消化和接受，然後學著保護自己的安全。

❖最驚險的一次逃跑

經過多次被捉弄的經歷，我發現直接對我出手的人，都有一種「我整到鍾明軒了超屌」的心態，這可能因為我是名人，不論是當面嘲笑、踹屁股、脫褲子，或是半夜來敲門，都能成為炫耀的素材。或許有些人覺得這種心態無傷大雅，畢竟只是小小的惡作劇，並不是存心傷害，但當這種心態無限放大，事情不會只有惡作劇那麼簡單。因為我就差點被一群人圍毆。

我在國中時期曾兩度被同一群人試圖圍毆。第一次，我剛出校門口就發現苗頭不對，立刻轉身衝回學校求救，幸運地逃過一劫。但第二次就沒這麼好運了。

那群人失敗一次後，計畫變得仔細許多。國中附近有一間家樂福，我下課常和同學到那裡走走逛逛，沒想到就被同一群人堵到了。他們把我帶到附近人煙稀少的靈骨塔，並圍在我身邊大聲叫囂：「很跩喔～」「秋什麼秋～」「××娘！」之類的話。其中有一個學長被他們拱出來當第一個開揍的人，我甚至聽到有人說：「你不是看他不順眼很久了，快揍他啊！」

我不認識那位學長，也從來沒跟他說過一句話，但他憑著網友的罵聲、周圍的謠言及朋友的煽動，就覺得自己可以行使暴力教訓我。不過，在一群人看好戲的起鬨之下，我卻感覺到他的猶豫。儘管他一個拳頭下來，便可以擁有向朋友炫耀的勳章，但當一個活生生的人被帶到面前，他可能才突然意識到，眼前是個有血有肉的人。趁他們還在鼓譟的時候，我找機會快速地逃跑，所幸沒受什麼傷。還好那個靈骨塔在學校附近，是能夠成功脫逃的範圍。

發生這麼多事，我除了不斷想方法自保之外，也一直在思考：「讓人覺得自己可以傷害他人的原因，究竟是什麼？」難道只因為其他人也在謾罵，就可以隨便貼上罪該萬死的標籤嗎？

❖逃跑不是懦弱，而是保護自己免於傷害

因為已遭遇過太多莫名其妙的事情，我經常思考要怎麼樣才能免於傷害。或許很多人看完前面的故事後，會心想：「鍾明軒你不是很兇嗎，怎麼被欺負的時候都在逃跑？」

實際上，在面對霸凌的當下，被霸凌者常處於絕對弱勢，不只是因為對方比較高大、打架比較厲害那麼簡單，而是因為霸凌者往往人多勢眾。

相信很多人在求學階段、職場中，都曾遭遇類似的經歷：**在大多數情況下，常會出現「人多就是正義」的荒謬情況**。因為人多，所以能串出對己方最有利的解釋；因為人多，所以解決受害者更容易；因為人多，所以主流價值觀才是唯一解答。很不幸地，因為主流有人數優勢，一旦身為非主流，便容易成為欺凌的絕佳對象。

因此，在被欺負的當下，首先要考慮自己該怎麼逃跑，雖然硬碰硬很帥，但可能會遭遇更嚴重的報復情形，所以務必將保護自己列為最優先順序。如果像我一樣遇到被圍住的情況，請先想好逃跑路線，可以跑去警察局、學校的辦公室區域，或是任何人多的公開場合，有監視器的地方最好。

如果逃不了，也要控制自己的反應。很多時候，對方只是心存逗弄的想法想整人，請注意不要讓情緒失控，否則在一些廢物「大人」的處理下，最後變成你得跟那些垃圾道歉。

如果霸凌的情形已嚴重影響到身心健康，不要因為怕丟臉或怕報復而不敢求救，可以試著向能信任的大人求救。一定要讓一些人知道情況，不要憋著自己想，這樣可能只會讓事情越來越糟。如果身邊沒有能信任的大人，打電話給教育部的反霸凌專線，可以逼迫學校處理事情。

我必須承認，霸凌帶來的傷害至今還殘留在日常生活中，我沒辦法像電視劇演的一樣，笑著原諒那些欺負我的人，因為這種傷害真的會留存一輩子。

另外，希望所有遭遇相似經驗的人能夠明白：**被霸凌不是我們的錯**。我過去曾從自己身上找理由，但這樣只會使自己陷入更深的痛苦，而經過多年沉澱後，我才漸漸體悟到這個道理。

❖你可以實際來認識我嗎？

在求學的過程中，很多人實際認識我後，常會說：「你和影片裡的樣子差好多喔～」我每次聽到這種話，都不知道該開心還是難過。開心的是，對方終於把我當一般人；難過的是，不知道他們過去到底把我想得多恐怖。

由於網紅、YouTuber 文化的盛行，大家好像都忘記這個行業很吃形象。首先，網紅或 YouTuber 會先挑選出個性中最吸引人的特質，再包裝成相關影片或文章。每個人適合的風格不同，而我的風格就是妖豔的國際美人（我這邊想用「妖豔」這個詞，各位覺得還OK嗎？）

我在影片中談論很多婊子事蹟，難道現實中真的會去當婊子嗎？這個邏輯也太特別了吧。我是個把公與私切得很開的人，影片中呈現的形象與平常的樣子也有頗大差異。

平常我在學校其實很低調，常戴著口罩、帽子，在班上不會特別搶著出頭，除了基於個人的喜好打扮以外，私底下可說是和影片相差甚多。

曾經有個同學當著我的面說：「剛知道跟你同班時覺得很不安，以為你是個很屁的人，但實際相處後發現你就是個普通人。」

很多人不都是這樣嗎？在公司和私下、在學校和家裡，會展現出不太一樣的個性。只是 YouTuber 的某一面會放大給所有人看，而且要特別經營，所以很容易被歸類或貼標籤。我可以理解大家被影片的形象影響，但是心存刻板印象後再認識人將會造成阻礙。

有時候，我很想跟討厭我的人實際相處，看他們認識真正的我之後，會不會比較理解我是怎樣的人，會不會開始改觀，不再用既定印象來判斷。

每次聽到有人說「不要以貌取人」，就會想到自己爆紅以來的經歷。希望大部分的人可以先和我相處看看，不管是當面搭話或是私訊，認識我再評斷好嗎？

靠北路上伴你行

到現在，仍有人對著我唱〈煎熬〉然後大笑，這種無聊的事至今從沒斷過。我真的很想問那些人，到底哪根筋有問題？頭腦真的壞掉了嗎？

6 那些封閉的日子裡，謝謝你們帶來曙光

國中時，雖然有不少婊子會對我酸言酸語或動手動腳，但我在班上其實人緣挺好，和同班同學也相處得很自在。可能是班導的影響，也可能是班上同學與我實際相處過，儘管一開始抱持異樣眼光，到後來只把我當普通人。在這樣的氛圍中，我愛開玩笑、愛表演的那一面，就比較能展現出來。

還記得國中時的一個朋友，剛開學之際，她坐在我前面，第一次見面時，她小小聲地問：「你是鍾明軒嗎？」我點點頭，她笑笑地沒有再追問什麼。這樣單純的互動，開啟我們之間良性的交流。

❖你們喜歡我，還是喜歡笑我？

當時我算是班上的開心果，會在課堂上和老師聊一些俏皮話帶動氣氛，而且會和同學一起耍寶，開些無傷大雅的玩笑。我平時很會觀察氣氛，當班上變得沉悶時，就會跳出來耍寶，讓大家開心一點。

國中時，我曾因感冒而連續請了幾天假，在回到學校後，同學說有些老師上課時問我去哪裡了，因為班上變得特別悶、特別安靜。我聽到這樣的話其實挺開心，班上的同學和老師覺得我有趣，不是因為網路紅人煎熬弟的身份，而是單純因為鍾明軒這個人。

但老實說，我國中時雖然和同學相處得不錯，能交心的朋友卻不多。我擁有很多玩伴，出去玩或是分組時不愁沒人一組，去哪裡也總不會落單。但在遭受他人的攻擊時，卻幾乎沒有人願意站出來幫我說話。

前文提過，我在走廊上經常遭受其他人的言語或肢體攻擊。面對這種狀況，前一刻還跟我玩在一起的同學，往往選擇視而不見。

我可以理解，他們雖然和我一起玩很愉快，但沒有愉快到值得為我冒險，我終究是那個被指指點點、用負面方式認識的鍾明軒。他們平常聽我和老師喇賽，或是看我要寶搞笑，大家當好朋友當然沒問題，但是若處於讓自己陷入危險的境地，選擇明哲保身是再正常不過的事，為什麼要為了一個沒交心的人犯險？

❖感謝當時在我身邊的妳

但還是有極少數的人，願意直接站出來保護我。

我國中時期有個朋友，她是原住民、身材高挑、皮膚黝黑，而且超級會唱歌。有些人一定會酸說：「唉呦，跟你差好多耶！」沒錯，我們在外貌和個性上都差很多，但有段時間是很要好的朋友。

大家都叫她胡椒（可見彩頁的圖㉑），而她的個性也和胡椒一樣嗆辣，只要被戳到在意的點就會整個人爆炸。我們兩人因為實在相差太多，很容易吵起來，但正是她的這份熱血，當看到我被欺負時，選擇不假思索地保護我。

記得那天，又有人在路上對我唱〈煎熬〉，然後作勢要來抓我。沒想到身旁的胡椒一把將我護到她身後，對那些人大罵，硬生生地擋開一次捉弄。等到對方離開，我也連帶被胡椒唸了一頓，她氣我不反抗、只會畏畏縮縮。

在那個當下，我有種說不出的感動，即便是家人知道我被欺負，都不一定會挺身而出，因為他們認為那是我過度張揚而自食惡果。但胡椒為了正義感與彼此的友情，願意站出來，儘管這個行為對她沒有好處，還可能帶有一些風險，她仍然義無反顧。

現在回想起來，胡椒的處理方式或許有些粗糙，但在我們自認成熟的國中時期，直接罵回去或許是她能想出的最好方式。有了胡椒那次的見義勇為，我其他比較親近的朋友，也漸漸會開始直接回嗆那些來捉弄的人，結伴而行成為當時我的最佳保護傘。

如今距離國中已過了好幾年，我和胡椒就像大家常感慨的童年朋友，因為忙碌和生活圈的改變，逐漸沒玩在一起，也失去聯繫。但是，她為我做過的一切並不會就此被遺忘。永遠感謝她在我被欺負時，選擇站出來反擊。

胡椒，希望妳過得好，感謝當時陪伴在身邊的妳。

偶爾暖心伴你行

感謝國中時身邊的每位朋友，我很珍惜與你們相處的回憶，雖然已經畢業好幾年，也漸漸少有聯絡，但我會一直記得有你們陪伴的精采時光。

第4章

社會是座靠北大染缸，還好我的吶喊「你聽見」！

1 我在髮廊，體驗現代版宮鬥劇

我國中時有段時間，到髮廊當洗頭小弟。除了多少賺一點零用錢，有一部分也是因為媽媽之前做美髮，所以想知道自己是否適合這條路，於是興沖沖地跑去各家髮廊投履歷，沒想到迎接我的是人生直面各種婊子的初體驗。

❖超級剝削的工作環境

我當時還是國中生，換句話說就是違法的童工，別說勞健保，連合理薪水應該是怎樣都不知道，只要每個月能領得到錢，便覺得非常開心。

我已經對確切數字沒有印象，只記得暑假幾乎每天去上班，但薪水只有七千元上下。那家髮廊的薪水計算方式很可怕，除了兩千多元的底薪之外，其他都要靠洗頭和推銷產品抽成。

我洗一個頭能夠領多少錢呢？不多不少，恰好是訂價的十分之一。那家髮廊洗頭要價三百元，因此洗一個頭可以領到三十元，而店裡最高級的護髮是六百元，所以我就算很會推銷，說服客人使用最昂貴的護髮，還是只能夠領六十元。

在這種薪水制度下，一天要賺五百元很困難，最可怕的是當時店裡還有扣薪的處罰制度。遲到幾分鐘扣幾元這種已經老掉牙，如果在打掃區域撿到一根頭髮，負責該地的工讀生就要扣五十元，也就是說，花一個多小時拚命替兩個客人又洗又吹的功夫，只要一根頭髮就可以瞬間粉碎。

很多設計師可能是壓力大，或羨慕工讀生青春貌美，整天擺一副婊子臉在店裡走來走去，撿到一根頭髮像撿到鈔票一樣，開心地扭腰擺臀找店長登記。不知道那群人是心理變態還是內分泌失調，整天就靠折磨我們換取心靈滿足。

現在稍微有點常識之後，就知道當時待的那些店家實在違法得太誇張，自己付出的努力其實值得更合理的薪水，而不是拿了幾千塊就覺得賺好多錢。

❖心機重又愛搞派系的設計師

這樣講大概會有人說我刻板印象，但還是要講一句：「設計師真的心機都很重耶！」當時我待過不只一家髮廊，但每一家的設計師都很喜歡搞小圈圈，還會分派系爭店裡的第一名，而且很愛彼此酸來酸去。

在宮鬥劇還沒開始流行的時候，髮廊裡就已經整天上演這種戲碼。不過，我不得不誇獎，設計師在酸人時，一個比一個有涵養，還會交雜美髮業專門的術語，在客人面前互酸都不會被發現。

在這樣的爭鬥之中，可憐的小工讀生沒有拉攏的價值，又都是同家店的同事，所以經常成為設計師們發洩不滿的目標。這些設計師有時候大說八卦，有時候串通工讀生整其他人，各種小手段層出不窮也充滿創意。

但這些還算普通，有些過分的設計師為了爭取店長喜愛，甚至以折磨工讀生為樂。他們除了會像前面說的一樣，在店裡來回巡邏（生怕別人不知道她生意不好），也很愛在員工會議上公開訓斥工讀生，外加精神喊話，有時候內容真的很不知所云，讓我們這些聽的人覺得有夠尷尬。

像我這種比較有想法的人，聽到不合理的話就會直接反駁，然後下一秒整個會議的空氣便突然安靜。把氣氛搞差當然不是我的奇怪嗜好，只是覺得不能任由這些婊子欺負。

❖可愛又「勞受」的客人

在髮廊工作，最常見的就是許多有點可愛、但很「勞受」的客人。「勞受」是美髮業的術語之一，意思是很囉唆、難搞的客人（呵呵，各位有沒有在髮廊被講過呢？）我之前還因為這個詞在客人面前出過醜。

當時我的代號是「台中」，意思是十五號。因為使用術語已經一段時間，正在有點太習慣的階段，而且預設客人聽不懂，於是肆無忌憚地在客人面前大講特講。

記得當時有人對我說：「台中，過來幫客人洗頭。」我走過去發現是傳說中的麻煩客人，便直接對同事說：「欸！這是你上次說很勞受的客人嗎？」

話才剛說出口，沒多久就聽到客人大聲回答：「對！我就是那個勞受的。」我赫然想起，之前曾有同事說「勞受客人」以前也從事美髮業，會要求很多。但我已經把話說出口無法收回，所以之後從洗頭到吹頭髮，都只敢盯著那位客人的頭皮，不敢對到眼。

撇開這些小插曲，在髮廊的工作內容大多都是幫客人洗頭、吹頭。在那段閱頭無數的時光裡，有些客人的頭皮不知道是血液循環太差，還是半夜起來偷練鐵頭功，真的硬到我必須用指甲尖去刮，他們才會滿意力道。另一種極端就是頭皮超級軟，洗頭就像在洗麻糬，手指尖接觸到頭皮還會感覺陷下去，真的超怕一不小心刺傷那些客人。

當時除了工作環境和條件並不好之外，其實沒有遇到真正的大奧客，客人頂多要求多一些、勞受一點，但都很可愛又很好聊天。那時的我因為家裡和學校的各種事情，個性變得有點自閉，但透過與客人的對話和交流，培養出不少自信心。

雖然在髮廊的工作經驗不算太好，但我有些婊子行為的影片其實是參考當時的情況，所以廣義來說，正是那段工作經驗讓我擁有現在的成績。

靠北路上伴你行

感謝我第一份工作是美髮業，因為這份工作，我知道婊子是真實存在世上的生物。

2 獨特，向來只會是天生的

很多粉絲常問我從什麼時候變成現在這樣。請大家耳朵洗乾淨聽仔細了，我只講一次，沒有第二次（但如果你們想要重讀五十遍，我也阻止不了）。**我，從小就是這樣。**

剛爆紅時，我在影片中沒弄頭髮也沒接睫毛，看起來就是在路上隨處可見的正常小男孩。但其實我從小就非常羨慕女孩子可以打扮自己，不管是服裝還是髮型，都比無聊的男生造型有趣多了。

❖為何男孩從小就得「像個男生」？

尤其從小在媽媽的家庭理髮廳成長，常常看到一些阿姨來做頭髮，或是帶著她們的女兒一起做「母女頭」。

那些女孩子穿著不同質料、不同造型的小洋裝，媽媽會幫她們梳可愛的小辮子或是公主頭。我看到那樣的場景總是有點吃味，但在年紀還很小的時候就知道，媽媽即使再疼愛我，也不會主動幫我綁辮子或是化妝。

小時候我會拿媽媽練習用的假人頭來玩，把它放在鏡子前或是抱著它，撥弄垂下來的髮絲，不斷地梳那些假髮，假裝是自己的頭髮。在那段時間，我總是嚮往能自由享受裝扮的樂趣。

我想特別強調，我喜歡裝扮，把自己打扮得美美的，不代表想成為女孩子，**我心裡認同自己男生的身份，只是不明白為什麼男孩從小就要被教導「像個男生」**。現在的我可以自由地打扮，也非常滿意自己的身體與性別。

對於性傾向和性別認同，我覺得大家不要把話說得太死，因為這一切都很有可能改變。現在信誓旦旦地篤定自己永遠不變，或許某一天會突然遇到一個契機，或是漸漸受到某個微小的影響而變化。畢竟探索自己是一輩子的事，誰知道未來會發生什麼改變？

偶爾暖心伴你行

我從小就是這樣，即使因為性別氣質的問題，而遭遇過校園霸凌、路人的異樣眼光，或是與家人的衝突，我仍很滿意自己的身體與性別，今後也會繼續以自己為榮。

3 從小糾纏到現在的歧視眼光

前文提過，我爆紅後遭受很多攻擊，除了被譏笑唱歌不好聽，最常被說嘴的就是性別氣質，身上也被扣滿各種標籤，諸如娘砲、臭甲、沒男人樣的屁孩等，難聽話比比皆是。

除了網路酸民與媒體造成的問題，還有一大部分的傷害來自路人、身邊的同儕，甚至是親戚的一言一行，而那些或大或小的惡意和歧視，也都幾乎是針對性別氣質。但其實早在我還未接觸網路前，那些攻擊、嘲諷的言語，就已經反覆出現在我的生活當中。

我從小走路有一點內八，說話的口氣和聲音都柔柔的，還擁有相對白皙的肌膚、瘦小的身材，而且下課和女孩子閒聊比和男生衝球場更自在。

正因為這些無害的特質，我成為調侃或惡意針對的目標。我至今仍無法理解，性別氣質和同性別的人不一樣，究竟是犯下多大的罪，為什麼必須要背負異樣的眼光與不平等對待？

小學時期，班上男生很喜歡模仿我的動作，比方說，學我內八的走路方式，再用浮誇的樣子扭腰擺臀，或者在我跑步時，學我的跑姿跟在旁邊，然後一群人聚在一起瘋狂大笑。

我一開始沒有察覺那些帶有惡意的玩笑，直到朋友告訴我，他們其實在嘲笑我的跑步姿勢，才知道浮誇的行為和刺耳的笑聲背後，都帶有微小而明顯的惡意，而且全都是針對我的性別氣質。

從此之後，我變得比過去更敏感，並且開始不斷地觀察周圍的人有什麼行為舉止。原來，我過去經常無視或忽略的怪聲音和詭異行徑，其實都是在刻意模仿我的聲音和動作。

那種潛藏在生活中的歧視既難預防又不顯眼，甚至可說是微不足道，但會在生活中不斷消耗自信心，而我連告訴老師都做不到，就算說了又能改變什麼呢？

❖如果我不是娘砲，你們會放過我嗎？

我忍耐吞下同儕的零碎惡意，用轉移注意力和不斷打哈哈度過那段時間。直到爆紅之後，原本隱藏在生活中的微小惡意暴露得更加明顯，令我時常處於高度焦慮中，因為不知道下一刻遇到的人是好是壞，會不會突然出言甚至動手傷害我。

國中時期，最常見的是有人會跟著我去廁所，在我使用小便斗時，嘻皮笑臉地在旁邊探頭探腦，廁所人多的時候更是變本加厲，會起鬨著要檢查我有沒有小雞雞。這讓我養成如廁時，不管廁所有沒有其他人，都必須使用隔間廁所的習慣，而這個習慣直到現在都仍持續著。

有些人則會直接對我動手動腳，脫褲子、扒衣服，甚至伸手要碰下體。看到我畏縮縮的樣子，動手的人會更加愉快，認定我就是個不敢反抗的娘娘腔，為了獲得這份愉快，甚至會激發出更過分的行為，只要可以公開地羞辱我，好像能犯險做出任何事情。

嘲笑一個人的性別氣質具有毀滅性，因為性質氣質幾乎改變不了，而且強硬改變的過程也很辛苦，幾乎等於扭轉長期以來培養的認同與信仰。我也曾逼自己改變過，卻只得到反效果。

國中的某一段時期，我實在被防不勝防的嘲諷和羞辱逼得喘不過氣，為了脫離同學的捉弄與騷擾，曾刻意把自己弄得很MAN，例如：講話帶髒字，動不動就叫囂大吼，還把一直很在意的走路姿勢從內八改成外八。這一切都是為了像個正常的男生，並期待霸凌我的人看到這種改變，就會被唬住，不再欺負我。

我甚至和一個女生告白，交了個女朋友，當時沒有想太多，單純很欣賞她的個性，不知不覺就走在一起。現在回想起來，和她交往有一部分是自我探索，有一部分則是想要擺脫當時的困境。我希望不用再時時擔心被嘲笑，可以自在地走在校園的任何角落。

但最後卻發現，不管再怎麼喜歡那位女生的個性，再怎麼自我催眠，心底就是知道哪裡不對勁，而且若無視心底抗議的聲音，只是想利用那位女生達到目的，我將成為自己最討厭的那種人。

我知道成為情侶代表什麼意思，畢竟國中時有些情侶常在公開場合摟摟抱抱，甚至在走廊上公然接吻，但我沒有辦法擁抱她，也沒有辦法吻她，甚至連牽手都感到很不自在。

和那位女生的感情並沒有維持太久，她應該也感受到我的態度有點違和感，不過當時我真的很喜歡那位女生，喜歡到覺得和她交往或許撐得下去。只是那份喜歡和電影中的男女主角不一樣，我沒辦法當她的男主角。

❖親戚的微妙眼光

除了同儕之外，不少親戚也會對我投以異樣眼光。對他們來說，我或許是個尷尬的存在，不但不乖乖念書，小時候又搞出那麼大的新聞，隨著逐漸成長，甚至變得更加標新立異，與他們想像中的好孩子相差十萬八千里。

經過多年來的訓練，我已經能直接忽略某些親戚若有似無的傷害和諷刺，但有些人仍然很愛狠狠地朝我的雷點踩上去，例如有位親戚的言談舉止功利自私，真的非常不會玩踩地雷。

在我頻道的粉絲數量成長起來之前，那位親戚基本上沒把我放在眼裡，也不太搭理我，除了家庭聚會之外，平常沒什麼交流的機會，就像是會打招呼的陌生人。但隨著我的粉絲逐漸增加，不再像過去總是招來負評，那位親戚表面上對我的態度沒有改變，但在網路上卻開始出現明顯差異。

她的朋友幾乎都知道我和她是親戚關係，而且她的發文中不時會提到我，如果她真心感到驕傲就算了，偏偏很愛在各個地方表示不屑。我真希望她如果不爽我，也藏得好一點，不然家庭聚會很尷尬。

她很愛在發文中提到我，她的朋友也經常在我的相關新聞下標記她，然而她總是以「有鍾明軒這個親戚好丟臉」的態度回覆。我完全可以感受到她心裡的不認同，覺得我特立獨行又丟她的臉，卻捨不得我帶來的關注度，所以總是不斷地強調與我的關聯。

這種行為比任何直接的指責更令人傷心。雖然爸爸會指責我，或是常沒拿捏好講話的輕重而說出傷人的話，不過他的本意不是想傷害或利用我。但那位親戚的行為赤裸裸地展現出自私自利，讓我很難真正地信任她。

靠北路上伴你行

那位親戚的行為展現出她的自私自利，就像是童年時糾纏我的惡意。如果各位身邊也有這樣的親人，請務必閃得越遠越好。

4 假關心真嘲諷，你的問題很沒禮貌

我的生活中充斥各式各樣沒禮貌的詢問，有些人仗著自己平凡無奇，就覺得有資格問一些五四三的蠢問題，好像我身上有明顯的特別之處，就有義務滿足全世界的好奇心。

我經常遇到一些很神奇的族群，他們似乎永遠管不住自己的嘴，而且一看到我總是反應特別劇烈，發出作噁聲已經算是輕微症狀，有些人會和我搭話：「弟弟，你一個男生不要化妝啦！這樣很奇怪餒！」還有些人甚至直接問：「弟弟，你難道是同性戀嗎？」

唉，先讓我仰角三十度翻一個華麗的大白眼，每次遇到上述這種人，都好想拿出

大聲公大喊：「干、你、屁、事！」

為什麼大家覺得可以問這些問題呢？難道在路上看到男性荷爾蒙滿到快噴出來的玩咖潮男，會衝去問他：「欸，你昨天有睡妹子嗎？」對於這種私人問題，有義務跟路過的陌生人報備嗎？

再來，為什麼男生就不能化妝？大部分的日韓男明星都會化妝，有些男明星甚至眼線、眉毛、眼影、底妝、唇膏一應俱全。至於一般日韓男生，有些人為了讓自己好看一點，也會稍微上點底妝，把眉毛畫好。不要自己不修邊幅，就拿這種事歧視人好嗎？

另外，還有一些人直接刺探別人的隱私，像是：

「聽說同志都很亂耶，你是不是很亂？」

「你是上面還下面？」

「被灌腸的感覺怎麼樣？」

「你是同志，那我們是不是能當好 gay 密？」（許多女生的愛問句式）

「你會不會愛上我？」（許多直男的愛問句式）

接下來，請容我一一回答這些智障問題。大家可以拿筆抄起來，下次拿去狠狠婊那些問話不經大腦的人：

「強暴犯是異性戀的比例很高耶，你是不是想強暴人？」

「你的對立面。」

「浣腸劑七十幾元一個，自己買來體驗看看。」

對於最後兩個問題，則能用同一個句子回答：「我不想跟問這種智障問題的人有關係。」

我甚至可以幫忙翻譯這幾句話的真實意思，簡單來說就是性騷擾。請將心比心一下，過年被親戚追問感情狀況、薪水、年終已經夠煩了吧？同志族群全年無休地承受無腦的問題，當然會覺得被冒犯。

❖別當不動腦的性別盲

因為我是個攻擊性很強的人，實在很佩服有人能心平氣和地面對這些失禮問題。最令人無法理解的是，**為什麼大部分情況下，總是要求被傷害的人忍耐吞下所有不合理對待？**

而且，當被傷害的人站出來表示自己受到冒犯，加害人和旁觀群眾不但不反省，甚至會說：「如果討厭被問或被看，你正常點不就好了？」我真的想給講這種屁話的人拍拍手，邏輯真是全宇宙最清晰。誠心希望有一天，人們不會再將「檢討少數」當作解決問題的第一手段。

我現在認真呼籲所有人，在提出問題之前多思考一下，就能夠避免很多無心傷害或是禍從口出。在我的經驗當中，許多人會不斷思考怎麼自然地與同志朋友相處，還會幻想很多前提、假設和情境劇，把自己和對方都弄得很尷尬，然後讓周遭的人跟著一起不自在。

到底為什麼要把事情搞得那麼複雜？交朋友的道理世界通用，就是好好把對方當

「人」看待，理解對方的個性和行為，而不是性生活。

靠北路上伴你行

我知道很多人會思考怎麼自然地和同志朋友相處，方法其實很簡單，就是好好把對方當人看，因為同志本來就是正常人。

5 我們都在，一起挺過 1124

二〇一八年十一月二十四日，一個令無數人心碎的日子，應該很多人和我一樣，會突然回想起成長過程中不斷糾纏在身邊的惡意。

當然，我們向來很清楚自己的弱勢，那些生活中一而再、再而三出現的訊號，不斷提醒著現實有多麼殘酷。大部分的同志都善於觀察別人，不論是充斥於生活中的異樣眼光，還是自以為不動聲色的情緒，都是日常生活中必須面對的排斥訊息。

當牽著自己伴侶的手走進餐廳，難免會撞上服務生投來的複雜眼神。當遵循喜好打扮自己，總是會聽見身旁路人的竊笑聲。即使像我這種很公開、心很寬的人，還是會因為那些異樣的對待而感到不舒服。

❖走在街頭，你會看見不同的現實

在同婚公投的那段時間，我除了不斷在各種社群網站上，分享與公投相關的訊息和文章，還一直參與宣傳運動，不管是遊行、向路人發放公投的宣傳單，或是與志工團隊在街上宣導。

然而，實際在街頭上觀察路人所體會到的感覺，與網路上看到的支持或反對言論完全不同，可以很明顯地感受到每個路人的不同態度。

有一次，我和朋友在我家路口發兩好三壞（注4）的傳單，就遇到各種支持或反對的路人。不少友善的人開口鼓勵表達支持，其中有些人甚至刻意過馬路來拿傳單，就是為了親口跟我們說聲加油。

既然有人為了鼓勵而特意繞路，當然也有些人為了嗆聲而刻意擋路，只是要告訴我們，他一定會用選票讓人們知道同志不夠格結婚。甚至有些惡質的人拿了傳單，卻把它撕碎撒在馬路中央，讓我們衝去收拾殘骸。

經過觀察，在遇到的所有路人當中，最常見到用微妙態度迴避的人。他們沒有正眼看我們，而是像看到鬼一樣能閃則閃。

我突然感覺到，或許在護家盟鋪天蓋地的宣傳之下，同志彷彿變成行走的愛滋病毒，甚至是意圖強暴同性的潛在犯。但我們沒錢、沒資源、沒人脈，想反駁卻力不從心，只能在太陽下發出一張張的傳單，期待有人停下來聽我們申訴。

❖依然相信人性的人們

與發傳單時觀察到的生態不同，跟著志工團隊可以看到另外一種風景。由於志工團隊會不斷在路上呼籲大家關心公投議題，因此吸引不少有攻擊性的人。

注4：兩好分別為：同意以民法婚姻保障同性婚姻、同意實施性別平等教育（包含情感教育、性教育、同志教育等）。

三壞分別為：不同意民法婚姻限定為一男一女、不同意不實施性別平等教育中的同志教育、不同意以民法婚姻之外的形式保障同性共同生活的權益。

我曾親眼目睹一個帶著全家出遊的爸爸，聽到我們的聲音後轉身走過來，原以為他想要拿傳單，沒想到卻當著年幼女兒的面，表達對我們的不屑。我們這組有幾個志工花時間和他解釋，希望能釐清他不滿的地方，但最後他只丟下一句：「你們的思想很奇怪！」就留下他自以為正義的背影離開。

不過，也有讓我感動的例子，有人攻擊意圖滿滿地接近我們，最後卻在志工們耐心的溝通下，願意試著了解。我在街頭發傳單或當志工的過程中，思考很多關於自己的處境，知道很多人期待我大罵護家盟，婊翻那些老不死的東西。

我真心覺得，那些老不死正在用他們可怕的邏輯和貞操觀禍害台灣。在公投結束後，或許是七百多萬票的惡意太沉重，壓得很多同志喘不過氣，讓他們選擇走上絕路。我想很多人都會同意，那些護家盟的人根本是罪魁禍首之一。

我身為基督教徒，知道不是所有基督徒都這樣，大家互相仇恨的原因就是恐懼作祟，恐懼後自然而然造成迫害。我自己在發傳單時，也會有預設立場，臆測眼前的人看起來會支持或反對，但真相往往與想像中的不一樣，只有彼此理解後，才會明白對方的想法是什麼。

解釋、溝通聽起來是很弱的反抗方式，但為了走向真正的平權，這條路雖然緩慢卻是絕對必要之途。

靠北路上伴你行

在公投結束後，有許多同志選擇走上絕路，不管是不是因為那七百多萬票的惡意太過沉重，但不能否認的是，護家盟的人無疑是罪魁禍首之一。

第5章

從自卑走向自信，我的人生觀是……

1 我如何從自卑走向自信？

青春期大概是我生命中最慘淡的一段時光。一，青春期不懂打扮、不會保養，內分泌又總在體內打仗，讓人一覺起來就爛臉。二，大家都知道我國中的時候發生了什麼事（不知道的人請翻回第二章和第三章）。因為現實與網路的雙重攻擊，我內心逐漸孤單、封閉、不信任別人，所以很難建立穩定的關係。

各位看過前面的故事後，應該可以明白，那段時間我自卑到近乎自閉，而且對自己毫無自信，再加上同儕和網路酸民都嘲笑我又醜又難看，更加深內心的不安感。還記得以前常被嘲笑嘴唇厚，所以小時候總刻意把嘴唇抿到微微紅腫的地步。大概沒人知道，我當時的願望就是趕緊存錢，才能盡快去整形。

那時候，我逃避面對自己，也逃避面對別人，整天忙著把自己藏起來，甚至為了躲避別人的眼光，把頭壓低到頸椎痠痛。只要出門，走路一定是頭低低地看地上，不敢和周圍的人有眼神接觸。甚至還有親戚愛當面嘲笑我，說我自以為很紅，其實早就過氣。

這樣的我是怎麼站起來呢？回想起來，其實沒發生什麼特別的事件，既沒有遇到名師開導，也沒有從心靈雞湯獲得深刻的教誨，當然更不是一個轉身突然成為自信的國際美人。這不是在演電影好嗎，當然不可能BGM（注5）一播下去，就可以大變身。

實際上，我每一次的進步都非常緩慢，緩慢到連自己都難以察覺，直到某天回頭發現，原來我已經與過去的自己相距甚遠。說得更具體一點，就是當有一天走在路上時，發現自己不會再縮成一團，開始敢與人視線接觸，若遇到有人對我指指點點，也

注5：background music簡稱為BGM，中文譯作背景音樂。

有勇氣回瞪他們，甚至是直接回嘴。

❖「管他們去死！」

那些日積月累的改變很難具體描述，也沒有什麼保證有效的方法可以分享，但是有一句話對我來說就像魔法，能幫我抵禦自卑。

當我過於在意他人目光，快要陷入自卑情緒時，就會不斷在心中複述：「管他們去死！」並用全力逼自己專注於這句話，漸漸地就能忽視他人的眼光。在心裡不斷複述這句話的過程中，內心變得比較輕鬆，並加強信念：「**我就是我，為什麼要讓別人來界定我，管他們去死！**」

直到現在，如果走在路上遇到有人盯著看，我也會開玩笑地說一句：「管他們去死！」感受這句話的力量和帶給我的信念。

從表面上來看，我好像沒特別做什麼，就從自卑中走出來。實際上，我從生活經驗中，不斷挖掘自己的信念與價值觀，那些東西是最珍貴的資產，只是常常被外在的噪音影響或是遮蔽，一旦趕走那些干擾，內心會變得清楚許多。

在不斷和自己對話的過程中，我透過閱讀、看電影，以及持續拍影片，點點滴滴地重拾內心的信念與價值觀，也正因為有一路支持我的粉絲，讓我在走出自卑的路上，能時刻感受到身後的溫暖後盾。

偶爾暖心伴你行

至今每當我再度陷入自卑情緒，就會不斷在內心複述：「管他們去死！」適時讓自己的身體慢慢放鬆。這句話對我來說就像魔法，或許各位也能找到屬於自己的紓壓方法。

2 在書中找到療癒心理的一帖良藥

在台灣的教育環境下，很多學生無法在死板的傳統教育中獨立思考，因此大多時候必須自學，而我最推薦的方法就是閱讀。

一本書當中飽含許多知識和無數心血，首先要把自己的想法整理成大眾能接受的文字，然後經過一堆編輯的審核，如果投稿的出版社不只一間，就會有很多堆編輯審核，最後經過多次修改，才能夠出現在書店的書架上。老實說，要不是我自己出書，還真不知道流程這麼麻煩。

由於一本書的背後有大量的人力和物力，閱讀一本書就像吸收了作者和編輯多年的人生精華。不過，純粹複製別人很難成功，你看買《賈伯斯傳》（*Steve Jobs*）的人，有誰變成賈伯斯了？只有將知識內化到心中，才能成為自己的養料。

也許有人認為這些話從我嘴巴說出來很沒說服力，老實說我以前真的不怎麼看書。即使在家中佈置一個讀書區，讓自己每週有幾個時段可以好好看一些書，我還是不能算個擅長看書的人。

我會開始閱讀是慢慢從家中獨立出來後。由於新家附近有書店，所以我有事沒事就會進去閒逛，而且一逛就是一個下午。本來只是喜歡欣賞別具設計感的書籍封面，沒想到開始被一些書名特別的書籍吸引，漸漸地一本、兩本買回家看，到現在還有一書櫃的待讀清單。

像是《阿德勒的心理學講義》（*The Science of Living*），以及兒童人格教育系列書籍，都能推翻台灣一堆家長的傳統價值觀。舉例來說，當孩子在公共場所大哭大鬧時，父母與其不斷追究原因，不如理解孩子的目的，用目的論解決教養問題比現場動怒更有效率，也不會讓親子關係走向相互逼迫。我真心推薦所有對兒童教養感到束手無策的家長，都應該手牽手一起閱讀。

另一本我會重複閱讀的書籍是《思辨的檢查》（*Think Smarter*），我想推薦給台灣的苦命上班族。站在職場的角度來看，主管和部屬確實理解思辨的意義後，能夠更明確地表達自己的意思，並反思如何在避免衝突的情況下，找到雙方的共識。這樣的溝通模式不只適用職場，也可以放到諸多場合，讓多數人都能從中獲益。

❖透過閱讀，建構價值觀

如同前文所述，我不擅長看書，要花比較多的時間才能看完一本書，吸收的速度也不快，可能要前後翻好幾遍才能完全讀透。在看一些比較艱澀的心理學書籍時，若有一點分心或思緒跟不上，瞬間就會有種腦筋打結的感覺。然而，這種慢條斯理的閱讀方式，讓我更能連結書中的文字和腦中浮現的想法，真正地將書中內容活用於日常生活中。

我在影片中常分享自己的人生觀，其中很多觀念都是透過不斷閱讀而建立。若要說影響最深的書，大概就是《被討厭的勇氣》，也是這本書讓我認識阿德勒心理學，彷彿打開新世界的一扇窗，並發現自己過去經常習慣把失敗推卸給特定原因。

像是我雖然想去美國發展，卻覺得自己英文不好、絕對做不到，不斷尋找特定原因替自己解套，但這其實會讓人一直活在過去，對未來發展一點幫助也沒有。**一味地從過去找原因來解釋失敗，並無法改變現在。**

從書中吸取知識後，我對自己的過去有了不一樣的解讀，不再回想國中時期為什麼會被酸民罵，也不再想自己到底做錯了什麼才被霸凌，與其糾結於無法改變的過去，不如更認真地面對當下，好好拍影片，讓自己沒有遺憾地活著。

從《被討厭的勇氣》和阿德勒的其他心理學書籍中，我發現了幾個改變我處世方式的觀念，如今在判斷或做任何決定時，更能明確自己的目的，藉此找到最合適的選擇。

此外，當我面對酸民和婊子們時，這種思考方式也有助於減緩負面情緒。**我不再執著他們恨我、攻擊我的原因，而是思考他們的攻擊行為是為了達到什麼目的。**

經過觀察，我發現他們的目的大多是跟風和發洩。突然之間，他們的攻擊不再那麼具有影響力，我開始得以用戲謔的方式看待他們的行為。當然，在被攻擊或謾罵的當下仍會不開心，但負面思考不會佔據大腦太久，重新整理好情緒後，我依然可以抬頭挺胸地做自己。

建構新想法和跳脫舊有困境是件很花時間的事，但**找到自己生命中的那本書時，就等於找到一個強而有力的前輩，支持自己繼續向前走。**

靠北路上伴你行

我有很多觀念都是透過閱讀而建立，對我來說，看書的樂趣就是可以把書中的知識變成自己的東西。我想呼籲酸民和婊子們，與其浪費時間在沒意義的事情上，不如多看一些書。

3 透過電影，重新欣賞世界的美

電影既是放鬆的娛樂，也是學習成長的利器，提供我另一個接觸世界的管道。在鏡頭的呈現下，那些擁有不同歷史背景及文化的人們，彷彿在我眼前上演他們的人生故事。

電影像一本濃縮成兩小時的自傳，觀眾可以切實感受到時代的美麗與哀愁、角色的細膩內心，或是關注日常生活中不曾去注意的族群，並且和劇中角色一起開心或悲傷，一起體驗經常被忽略的困境。此外，看電影和閱讀一樣，都是不斷與內心對話的好方法。

人很容易胡亂評斷自己，像是我陷入自卑時，會不斷想著自己有多爛。相對地，自信過剩的人會誇張地自我膨脹，甚至造成旁人困擾。把這一點放大來看也是同理，很多人一直輕賤台灣，隨口就是鬼島鬼島一直罵，甚至訂定人生目標為逃到國外。

我以前也曾覺得身為台灣人很倒楣，而轉念的契機是在影視媒體中看到形形色色的人。有些人生長於治安良好、經濟穩定的國家，又是目前強勢的白色人種，但他們同樣有必須面對的問題，並不是從此就過著幸福快樂的日子。

台灣確實存在許多待改善的缺點，但身為人民的我們擁有改變的權利，而保護這份權利就是當前的義務。電影帶給我們對照世界的視野，而不會老是低頭看著自己的腳謾罵，那種症狀叫作神經病。若各位身邊有這樣的重症患者，多推薦他們看幾部好電影吧。

❖實現真正平權，還要走很長一段路

我喜歡的電影類型很廣，但主要都是與人權議題相關的主題，我很容易被這類型的電影感動，並從中學到很多珍貴的思想。為了方便大家推薦給親朋好友，外加編輯大力期待我分享，以下講幾部我最近很愛的電影。

舉例來說，講述黑人種族議題的《關鍵少數》（*Hidden Figures*）與《自由之心》（*12 Years a Slave*），這兩部電影除了介紹黑人種族的歷史，也強調角色如何用強烈的意志抵抗不平等。簡單來說，**如果自己面臨不平等對待，不要當個默不吭聲、被欺負的人，更不要當個會欺壓人的臭婊子**。但在人類幾千年的歷史中，歧視的課題持續存在。

另一部我推薦的是中國大陸的《嘉年華》。這部電影呈現出社會殘酷的一面，但是不像美國電影直接拍攝出毆打、暴力等畫面，而是用很多小細節表現痛苦和人性黑暗。看的時候內心會感覺不太舒服，心很痛、很想哭。但是，我們必須面對黑暗，才知道未來可能要面對的是什麼，而不是當人性展露出醜陋的一面時，才後知後覺地被嚇哭。

最後是台灣的《誰先愛上他》。請不要說我老套，但這部電影將台灣同志的困境呈現得太好了，甚至將同志議題的範圍擴大，深刻描繪同志與家人的衝突和矛盾，甚至是異性戀的悲傷與無奈等等。相信各位看完之後，會理解護家盟到底有多王八蛋，造成多少家庭的痛苦和破碎。

偶爾暖心伴你行

看電影和閱讀一樣，提供我們更廣闊的視野。電影像濃縮成兩小時的自傳，讓觀眾可以從中感受電影想傳達的訊息，並且用劇中角色的視角，體會他們的開心、悲傷，以及常被忽略的困境。

4 我的頻道，就是我的鏡子

對目前的我來說，頻道和粉絲是最大的後盾。粉絲帶來的支持讓我能自在地做喜歡的事，像是創作影片、出單曲，或是得罪廠商等，而且最重要的是，粉絲是我走出自卑的主要力量來源。

其實，我沉寂一段時間後，之所以再度拍影片，正是因為幾位持續關心我的粉絲。他們關心我的近況，以及我在當年的風波之後，生活過得是否順利。直到現在，我還是很感謝那些粉絲用短短的幾句鼓勵，拉了那位不斷下沉的男孩一把。

拍影片除了能和粉絲有更多互動，也是開始整理思緒和情緒的窗口，以及建立信心的關鍵。能讓我吐露真心的人不多，和家裡的關係也不太理想（最近才開始改善），我經常在日常生活中吃了悶虧，只能傻傻地吞下去或藏在心裡，而拍影片提供一個珍貴的抒發管道，讓我能和許多人對話，並在過程中不斷自我反省。

我會認真地看每一則留言，不論是批評或是讚美。有些人雖然指責我的錯誤，但提出的意見有道理、有邏輯，而非隨便罵罵，這種留言我會看更多次。

當影片下的批評很多（有建設性的批評，不是無腦智障的廢話），說不定最高興的不是酸民而是我。因為這代表許多人認真看完影片，還願意花時間留言建議，我通常會記下來，當作未來拍影片的注意事項。

我認為頻道訂閱數上升、影片品質漸漸變好的關鍵，很大一部分在於有人願意不厭其煩地指正，也是那些指正改變我過去許多幼稚的觀念。

大家的讚美則讓我對自己越來越有信心，不再那麼介意被說娘，反而以天生的白皮膚為傲，可以放心愛美，盡情在街上展現自信。記得以前有一次上節目，還被問到是不是去整形，這種調侃方式令我很開心，代表我已經不再是過去那個畏縮的鍾明軒，也省下了小時候想去整形的錢。

當稱讚的留言數量多於謾罵的留言，我開始願意相信，自己真的可以用最舒適的方式，活在這個世界上，而粉絲也用留言持續加強我的自信心。

因此，我每天花很多時間回覆粉絲的留言和訊息，基本上只要打開手機就是不斷回覆。我和粉絲的相處方式就像對待朋友，經常與他們閒聊、聽他們講生活中的瑣事和煩惱。因為在我需要幫助時，正是粉絲溫暖的留言陪伴我撐過低潮，所以我也想在粉絲陷入低潮時，成為能拉他們一把的人。

❖成為「國際美人」的契機

很多人問我為什麼自稱國際美人，其實這個封號是受到粉絲留言的啟發。我記得那則留言寫著：「明軒你真的是個漂亮的男生，是國際級的美人！」當時剛好很喜歡國際這個詞，有段時間一直掛在嘴邊當作誇獎人的話，看到這樣的留言實在很開心。

尤其那時我對外表不夠自信，得到粉絲的肯定後，有種想要發揚光大的感覺，於是下一部影片就開始這樣自稱了。後來，因為大家的回饋不錯，而且想要大家都這樣叫我，所以便沿用至今。

這一路走來，很多人誇獎我變漂亮，越來越配得上國際美人的稱號，但這個稱號的背後，正是無數粉絲的支持和鼓勵。從今往後，我會努力成為更高級的國際美人，期待有一天能夠成為宇宙美人。

靠北路上伴你行

老話一句，喜歡我的人就喜歡，不喜歡我的人就滾開，最好是滾得越遠越好。whatever 我會努力成為更高級的國際美人，或許哪天會發展到宇宙也說不定。

5 走向獨立，找到面對世界的魄力

也許因為我遭遇過和家人的衝突，很多人常會私訊問：「在家人不認同的情況下，身為性少數或非主流該怎麼和家人和諧相處？」關於這類問題，我總是想針對他們的情況給出完美的解答，但隨著越聊越深入，卻發現很難只用簡單幾句話就給出回答，更何況我們家的狀況也不完全算是「成功案例」。

雖然我和家人正努力修補彼此間的情感，但很多時候卻沒有想像中容易，不得不說，許多潛藏在內心中的問題，至今依舊沒辦法完全攤開來說。

然而，這不代表無話不談、毫無秘密的家庭才是理想狀況，對我來說，與家人維持和諧與默契的距離，才是最佳狀況。很幸運地，我們家在經歷許多波折和衝突過後，如今正緩緩朝著最和諧的距離靠攏。

能夠達到這樣的狀態，其實是從家裡獨立之後。在這之前，我與家人的關係其實不算親密，他們不太能接受我的打扮以及持續拍片，所以常常會因為觀念分歧而發生爭執。

或許是因為接業配和其他額外活動，我開始有一份能維持生活的收入，家人原本認為拍影片只是在亂搞和浪費時間，現在漸漸理解這是件有意義的事情，而正是這份認同，突破我們一直找不到共識的癥結。

❖與其相互誤解，將心比心才能走向和諧

後來我慢慢感覺到，有些家長之所以會一味阻止小孩的興趣和理想，是因為不了解所衍生出的恐懼。這種時候，最有效的方法絕對不是兩方一起爆炸，而是不厭其煩地解釋，為什麼自己要投入那麼多心力在某件事物上、努力追求的背後藏有什麼意義或目的。

憑良心說，**期待父母或長輩無師自通，對他們實在不公平，因為很多東西在他們的年代根本沒出現過，很難要求他們用年輕人的眼光去理解這個世界。**看到這裡肯定有人又要酸：「你這樣說，自己還不是在頻道上大罵長輩！」話是這麼說沒錯，但我在影片中批評那些守舊長輩，前提是已經盡到解釋的義務，但對方還是選擇不領情，繼續為反對而反對。

如果沒有向家人、長輩清楚解釋自己想做什麼，就大聲斥責他們，或把自己塑造成全世界最可憐的悲劇主角，只會顯得表達能力差又任性，無法證明自己足夠成熟，能做出得體的應對。

相信每個家庭都有各自難解的問題，若各位實在被這些難題壓得喘不過氣，我建議大家可以離家看看（前提是不會造成家裡的經濟負擔）。除了能感受到自由、放鬆，更重要的是能體會到責任感。搬出來可以拉開與原生家庭的距離，擁有一個喘息空間，但同時等於要負擔自己生活中的大小事，不論生病或是遇到任何困難，都必須學著自己面對。

這些經驗會帶來成長的磨練，而在精神狀況更加堅韌，也具有更成熟的眼光後，再慢慢處理家中問題，有時候會比苦苦相逼來得健康許多。

華人有重視家族的傳統，把孝順當作唯一的準則去箝制所有人，但其實每個人都是獨特的，每個家庭也都是獨特的，同一套標準或規矩怎麼可能適用所有人？最重要的是找出自己與家庭最合適的距離，讓家族成員都能活出自己的人生，而不是抄寫傳統教條上的家族歷史。

靠北路上伴你行

華人有重視家族的傳統，但更重要的是找到最適合家庭的距離，讓所有家庭成員都能從傳統教條中解放，活出自己的人生。

6 我用力活著，並隨時做好死亡準備

我隨時都做好死去的準備。

這種講法或許有點極端，但這確實是我現在的人生哲學。我知道生命中充滿無數的遺憾，愛你的人和你愛的人不會永遠陪伴在側，**這世界上沒有任何事物是理所當然，你以為會長久擁有的東西，可能哪一天就莫名其妙被神帶走，包括自己。**沒有人可以預料，他人和自己何時會離開這個世界。

很多人怕錢沒花完就死了，但我覺得錢有沒有花完不是重點（除非你死之前錢就花完了），而是有沒有完成想做的事情。不論是媽媽過世還是阿婆失智，我很小就體會「人生無常」，所以隨時做好死去的準備。我一直讓自己活得很用力，盡力把握生命中的每分每秒，讓每個決定都不留下後悔的可能。

很多人佩服我做事情果斷，想自己去旅行便說走就走、想出單曲可以讓戶頭只剩幾百元、想拍影片則不論家人反對或網路霸凌都堅持下去。但與其說我果斷，不如說這一切都是源於我對活著的想法。

每天睡前，我會在床上思考當天所做的一切決定，確定自己若是因為天災人禍而一覺不起，這一天是否無怨無悔。當然，有時難免會做錯決定，像是某些言行太過衝動、某些行為過於莽撞等，但我從來沒有後悔，因為我所做的一切都是自己的選擇，沒有一點委屈或強迫。

當下是生命中最重要的瞬間，畢竟過去無法改變、未來又太過遙遠，最重要的當然只有眼前。所以，我做任何事情都像百米賽跑，只要把目標放到眼前，就會不顧一切地衝向目的地。在許多人眼中，我或許跑得跌跌撞撞，整個人狼狽不堪，但我眼裡只有當下，沒有時間顧及未來的其他選項。

有些朋友會唸我，沒有替自己想過第二條路，如果當 YouTuber 的發展不如想像中順利怎麼辦？但我認為，如果一直思考第二條路、第三條路，不就會分散當下的專注力嗎？若沒有發揮百分百的力氣追逐夢想，未來或許會後悔或感到遺憾。

即使跑步的姿態沒有那麼美，經常讓身邊擔心的人直搖頭，我還是會堅持自己的道路，並且很驕傲地說自己正在追逐目標、絕不後悔。

偶爾暖心伴你行

過去無法改變，未來又太過遙遠，套用阿德勒心理學的論點：「關鍵不在於你經歷什麼，而是賦予過去什麼，如何運用它。」對我來說，如何讓每天不留遺憾，才是我的人生目標。

第6章

最後我想說的話，歡迎各位對號入座！

1 對非主流：對付酸言酸語，用同情的眼光就好

我一直認為非主流的人很勇敢，而大多數遵循主流的人都壓抑了部分的自己。我不是要評斷非主流和主流誰比較好，畢竟遵循主流也會遇到困境，甚至必須忍痛放棄許多喜愛的事物。我想強調的是，**非主流並不是異類，而是能拋下他人眼光，忠於內心的勇者**。

很多活在主流價值中的人，在人生的各個階段，被安上許多必須達到的規範，那些規範可能來自父母的期望、外界的閒言閒語，或是自己給的心理壓力，可以歸納為一個標準化流程：考上好學校、找到好工作、結婚、生子（最好還一男一女）、買大房子⋯⋯。

但是，要達到這個標準真的不容易，過程中可能必須壓抑內心真正的願望，比方說，為了就業順利而放棄有興趣的系所、為了家庭被迫放棄夢想的工作等情況。不過，只要這些選擇沒有危害到他人，其實也沒什麼好批評。犧牲某些東西以求順利走在主流路上，何嘗不是一種圓滿？畢竟一切都是自己的選擇。

相對地，除了主流的大多數人之外，還有一群人不把社會荒謬的潛規則放在眼裡，甚至連鳥都不想鳥。一般來說，只要不傷天害理，不遵循潛規則也並非不對，但某些把主流當成聖旨的人卻會氣得牙癢癢。理由很簡單，當自己的寶貝（主流價值觀）被別人說得一文不值，怎麼能吞得下那口氣？所以才會去迫害或歧視非主流的人。

❖真正的內心自由，就是能忽視他人的討厭

我發現在現代社會中，忠於自己內心的人很容易被討厭。請各位想想，在大家都瘋狂壓抑自己的社會，如果某個人活得自由自在，那真的還滿討人厭的，但難道被忌

妒就要拋棄自己的快樂嗎？當然不！

現實很殘酷，若想走在非主流的路上，就必須做好被歧視眼光淹沒的心理準備。但在被歧視而生氣之前，請靜下心好好想想：**歧視的人就是缺乏包容心**，並不是所有主流人士都是如此。我有很多朋友決定服從現實，選擇過主流的人生，並承受其中的壓力，但是他們因此而歧視我嗎？並沒有！

實際上，對非主流施加的壓力和剝奪感，並不是歧視的主因，真正主因就是見不得別人過得開心愉快，像是小孩子看到別人有糖一樣，哭喊著：「你有，為什麼我沒有？」

這個情形也可以拉到同志議題上來看，當同志站出來捍衛人權的時候，很多反同人士的第一個想法大概就是「憑什麼？」同志不能生小孩憑什麼結婚？同志不是一男一女憑什麼結婚？他們的論點都是這個調調。

老實說，那就是一群見不得別人好，又沒有勇氣擁抱多元的人。若能從這個層面思考，會忽然發現思考狹隘是件危險的事，**當一群人只能接受單一價值，他們追求幸福的方式會是多麼貧乏。**

我希望所有非主流的人在看待沒有包容心的人時，可以試著同情他們，他們成長在被規定好的小框框中，沒有勇氣去接觸其他東西或價值觀，這樣真的滿可悲的。所以，我們除了同情，還能怎麼樣呢？

靠北路上伴你行

希望所有非主流的人可以從同情的角度，看待沒有包容心的人，他們在傳統意識下長大，沒有勇氣接觸其他東西或價值觀。我們怎麼忍心責怪這麼可憐的人？

2 對被霸凌者：你們沒有錯，別從自己身上找理由

首先，我要對所有被霸凌的人說：「這不是你的錯，沒有任何人有資格隨意欺凌或羞辱你，錯的人是他們，不是你。」就連監獄中的罪犯都不能夠任由獄卒打罵，更何況是無罪的你？永遠要堅持相信這件事。

為什麼這麼說？因為被霸凌者往往會不斷質疑自己，甚至在自己身上尋找被霸凌的原因，並且不斷試圖改進。但這麼做反而讓自己活得彆扭又痛苦，結果往往以失敗收場。

實際上，很多時候霸凌者之所以選上你，只是單純看不順眼，或是因為你的某個部分和他們不一樣。這種時候，如果連你都不相信自己，真的沒有人、也不會有人去

救你。

我也是走過霸凌的人，非常能體會從自己身上找理由的困境。我不會說我一路走來沒有受過幫忙，但到最後能拯救自己、擺脫霸凌困境的關鍵，終究是自己。把所有時間花在憂鬱中，並不會讓霸凌者感到一絲痛苦。

雖然這種說法聽起來好像沒有解決任何事情，但是我必須非常認真地告訴所有被霸凌者：**面對霸凌時，與其難過或自暴自棄，不如認真想想自己該怎麼做。**

當我遭遇霸凌狀況時，會不斷在心中複述：「我該怎麼做？」並綜合當前的狀況，考慮怎麼逃、之後怎麼處理、未來怎麼避免再度陷入相同情況。我會不斷思考這些問題，沒有太多時間傷心難過。

很多時候，找道理或原因並沒有用，反而是在傷害自己，像阿德勒心理學也告訴我們，因果論對於解決問題並沒有幫助。找到未來該努力的方向後，再拖著自己的身體努力活下去，才是最重要的。

過去我遭受霸凌時，也曾數度想放棄自己，但我撐過來了，才能以過來人的身份告訴大家我的故事，希望能幫助所有遭遇類似困境的人，從中找到改變自己的方向。

等到走出被霸凌的痛苦低谷後，也別忘記向還困在霸凌中的人們伸出援手。這樣，我們才能夠一起變得越來越好。

偶爾暖心伴你行

當我遭遇霸凌，會不斷思考：「怎麼逃？之後怎麼處理？未來怎麼避免？」而不是想著：「我好可憐，為什麼老天爺要這樣對我」。換個念頭，事情或許會轉變。

3 對沒自信者：走出生活圈，客觀看待自己

阿德勒曾說：「所有的問題都來自人際關係。」各位想像一下，如果生活在一個無人的荒島上，你會有自信或自卑的問題嗎？其實，很多的不自信都是來自於太在意周遭眼光。

因此，我建議沒有自信的人可以先獨處一陣子，到生活圈之外的地方走走。可能有人會想問：「我就沒有自信、不想見人，為什麼還要強迫我到外面？」

當我們到了自己不熟悉的陌生環境，那裡的人同樣也不認識陌生的你，所以不會用既定的印象或成見來解讀你的行為。很多時候，面對不熟悉的人，可以更客觀地看待自己。

我發現很多沒自信的人會陷入一個惡性循環：因為沒自信，所以不敢面對外界，於是每天把自己關在房間裡怨天尤人，然後無限放大自己的問題，結果導致更加沒有自信。

我之前也是這樣的人，但在出門走走散心之後，發現事情沒有想像中嚴重，**悲觀的想法往往來自於豐富又浮誇的想像力**。所以，只有跳脫惡性循環，才可以重新面對真正的現實。

另外，我過去也會每天給自己一點小任務，像是主動找個人談話聊天，透過與別人的對話不斷地建立自信。不過，這種事情需要慢慢來，不太可能一步做到位，但正是因為這樣，才需要靠小任務的方式逼迫自己行動起來。

在入門階段時，可以和店員簡單寒暄幾句，稍微進階一點則是練習和別人輕鬆閒聊。根據我的經驗，很多時候只要大膽開口，就能得到一定的回饋。

像我之前生日時，自己一個人去九份喝咖啡，還被隔壁的日本觀光客搭話，就算我外文很差，還是很努力和他們交流，最後對方甚至請喝咖啡，當作我的生日禮物。每當遇到這種讓人暖心的經驗，就會成為繼續努力的動力。

當你感覺沒有自信，並想要封閉內心時，請再次相信自己的美好之處，也相信其他人的眼力，世界上有這麼多人，你的美好終究不會沒沒無聞。就像我原本是那麼自卑的小男孩，也被發現擁有一顆國際美人的心。

偶爾暖心伴你行

我推薦沒自信的人可以先獨處一陣子，到處走走看看。另外，每天給自己一點小任務，強迫自己多和別人搭話。這是建立自信的絕佳做法，親測有效。

4 對長輩：放手讓孩子冒險，踏出他們的人生路

我不太確定這本書有沒有長輩讀者，畢竟我是不成體統的代表之一。但如果真的有長輩讀者（或其實是不小心翻小孩書櫃看到的），我要在這一節感謝你們。謝謝你們願意翻開這本書，試著理解我這樣年輕又非主流的人怎麼想、怎麼說。

我拍過不少談論長輩的影片，粉絲經常留言或私訊我，分享他們與長輩之間的問題。看了這麼多例子，有時候覺得身為長輩滿辛苦的。

長輩們努力在社會上生存這麼久，必須支撐自己的家庭和撫養子女長大。但是世界變動快速，那些已跟隨自己大半輩子的價值觀實在無法說改就改，還經常被年輕一輩調侃思想古板。而且，在長輩的童年與教育經驗中，或許沒有尊重自主性的教育方

式。

因此，面對一群不知道在做什麼的小孩與年輕人，長輩心裡覺得不安也是天經地義的事。除了害怕孩子踏入的世界離自己越來越遠，最大的不安可能是怕他們受傷害，或是走上一條很累的路。所以，經驗豐富的長輩才會想阻止小孩，並指引一條看起來最舒坦的路。

但我想要告訴所有長輩，**讓孩子嘗試自己面對這個世界吧！**還記得我小時候，如果地上有玻璃碎片，爸媽會立刻把我隔離起來，並告訴我：「不能碰！不要碰！小心會受傷。」一再把我帶到安全的環境，然後清理掉地上的碎玻璃。

我明白這一切都是為了避免小孩受傷、感受到疼痛，但為什麼不讓小孩痛一次呢？只有實際接觸並認知到疼痛後，小孩的腦袋才會有「碎玻璃很危險，碰到會痛」的觀念與認知。

如果一直將小孩保護得好好的，他們長大反而會變成一群沒有危機意識的成人，一旦脫離舒適的溫室，便容易狠狠摔跤。與其讓孩子毫無心理準備地重摔在地，何不讓他們在日常中累積每一次的小絆倒，隨時養成危機意識？所以，親愛的長輩們，適時放手讓孩子去冒險吧，當他們跌倒一、兩次後，再提供建議也不遲。

我們都知道長輩擁有更深刻的人生智慧，也能夠理解「我吃過的鹽比你吃過的飯還多」這句話。雖然九成九的小孩聽到都會偷偷翻白眼，但心裡其實也知道，很多事情真的必須靠時間累積。

為了讓小孩長大後也能成為有智慧的長輩，請放手讓他們在生活中累積自己的路。因為不管長輩規劃得再完美，只有孩子一步一腳印踏出來的，才是真實人生。

靠北路上伴你行

適時放手讓孩子去冒險吧，當他們錯了一、兩次後，再提供建議也不遲。其實，親愛的長輩們也都知道，事情本來就需要時間累積才會成熟發芽，不是嗎？

5 對霸凌者：開始成長吧，該從屁孩的手段畢業了

老實說，我對霸凌者真的無話可說。從過往的經驗來看，霸凌者就是一群臭孬種，每次霸凌別人還要成群結隊，而被霸凌者常常是一個人承受所有的攻擊，只能靠自己努力挺過來。

霸凌者靠觀眾帶來優越感，靠人數分散罪惡感，以為人多就是正義，其實根本就是懦弱，加上不敢面對自己的所作所為，這樣還敢說別人娘？

我現在要對那些曾霸凌我，以及所有攻擊他人性別氣質的人說：「對，我確實娘，但這個娘並不是你們嘲笑的負面意思，娘也從來不該是個負面詞。像女生又如何，你們的媽媽也是女生，懷孕又噴血地把你們生下來，難道不是一件勇敢的行為？

你們卻選擇用這種詞去霸凌另一個人，我真心覺得你們的媽媽白痛一場了。」

和縮在暗處的霸凌者比起來，我選擇勇敢站在媒體和網路的風口浪尖上，而這個對比會顯得霸凌的行為有多丟臉。

我知道許多人想被關注、收穫朋友崇拜的眼神，所以選擇用霸凌他人的方式，來展現自己的勇猛，或是得到滿足與自信。聚眾霸凌人多方便，既能享受站在高處的錯覺，又有朋友能分擔罪過，真是世界上最簡單的事。

還在用霸凌取得成就感的人啊，真的要這樣簡單一輩子嗎？朋友不會永遠一起幼稚，同樣的手法可以在國中、高中玩，進入社會後還要這樣搞嗎？這對人生沒有幫助，反而為未來永遠埋下一個汙點，等到哪天它爆炸，你永遠無法估計會帶來多大的傷害。

很多人認為霸凌的行為只是個遊戲、惡作劇，但請看清楚，有一個無辜的人正在被狠狠地傷害。對被霸凌的人來說，那不是遊戲或惡作劇，而是一輩子無法抹滅的創傷，就像我記得自己被欺凌過的所有手段一樣。

生命中有更多好玩的事情，也有更多值得花費精力探索的東西，強大不一定要用欺負的手段展示，我也永遠不屑用那種方式展現我的成長，而霸凌者永遠學不會我強大的方式。

請開始成長吧，該從屁孩的手段中畢業了。

靠北路上伴你行

霸凌者的所作所為，將是被霸凌者一輩子的痛，我永遠不會原諒那些曾霸凌我的人。霸凌者欠缺好的教育，而教育本身正是導致霸凌的主因，如果台灣社會不願意透過正當的教育感化他們，只會有更多受害者出現。

後記

我還在與生命中的痛苦對抗

我沒辦法說出原諒。當年任何謾罵和惡言批評我的人，即使只是草率留言的路人，在我心中都是造成媽媽過世的兇手之一，這點我永遠謹記在心，絕對無法忘記。

對一個正在作夢的十三歲男孩來說，母親佔據多麼重要的位置？直到現在，我仍試圖用生活的忙碌分擔想念，如果不巧遇到工作量不多，或是難以分神的時刻，就會開始進入所謂的「想念媽媽低潮期」。但這個低潮期不會持續太久，因為我現在漸漸能面對這一切。

只是，這種感覺總纏繞在我的心中難以擺脫，即便低潮持續的時間不長，但影響總是如影隨形，而且無法用任何語言或文字述說。如今，我走到現在這個位置，衷心感謝許多支持我的粉絲朋友，雖然還是會進入「想念媽媽低潮期」，但已經漸漸學會看開。

現在，有時會看到網友說：「鍾明軒終於洗白了。」我不懂什麼叫作洗白，好像當年我唱歌不好聽是件罪惡、實踐夢想是場錯誤。我偶爾會回去看過去的影片，影片中就是個很有自信的男孩在唱歌。到底是要洗什麼白？我對洗白這兩個字非常敏感。

希望大家可以了解我在書中想表達的東西，我從不認為生命中做出的任何決定是個錯誤，而且依舊認同自己在追夢路上，付出這麼大的努力。

最後，感謝你們看完這本書。我是個有很多面向的人，大家應該很難抓到我的節奏和思維方式，因為人生真的很戲劇化，我也花費許多精神，保護自己免於受到外界的傷害。

本書中寫出的那些真實，很難用拍影片的方式表達出來，但書寫這個形式帶給我不同於拍影片的力量。希望這本書能讓你們更加認識我，而我因為出了這本書，也更加認識自己。

最後的最後，要向下列各方致謝，表達我最深的謝意：

致那些自以為正義的萌萌們，

致那些放不下我的鍵盤酸民們，

致那些無聊又小孬孬的霸凌者們，

致那些黑心又總是無處不在的婊子們，

謝謝你們的貢獻，讓我拍影片的靈感源源不絕，我會繼續靠北你們。請繼續替明軒加油鼓勵搶頭香喔！

國家圖書館出版品預行編目(CIP)資料

我決定我是誰：在負能量爆表的人生路上，我不活在別人的嘴裡！／鍾明軒著；-- 台北市：大樂文化，2019.4
224 面；14.8×21 公分. --（Power；23）

ISBN 978-957-8710-18-4（平裝）
1. 自我肯定　2. 自我實現

177.2　108004531

Power 023

我決定我是誰

在負能量爆表的人生路上，我不活在別人的嘴裡！

作　　者／鍾明軒
封面設計／蕭壽佳
內頁排版／顏麟驊
文字整理／李怡佳
責任編輯／劉又綺
主　　編／皮海屏
發行專員／劉怡安、王薇捷
會計經理／陳碧蘭
發行經理／高世權、呂和儒
總編輯、總經理／蔡連壽

出 版 者／大樂文化有限公司
地址：新北市板橋區文化路一段 268 號 18 樓之1
電話：（02）2258-3656
傳真：（02）2258-3660
詢問購書相關資訊請洽：2258-3656
郵政劃撥帳號／50211045　戶名／大樂文化有限公司

香港發行／豐達出版發行有限公司
地址：香港柴灣永泰道 70 號柴灣工業城 2 期 1805 室
電話：852-2172 6513　傳真：852-2172 4355

法律顧問／第一國際法律事務所余淑杏律師
印　　刷／韋懋實業有限公司

出版日期／2019 年 4 月 29 日
定　　價／320 元（缺頁或損毀的書，請寄回更換）
I S B N　978-957-8710-18-4

大樂文化

大樂文化